21 世纪高等学校
**经济管理类**规划教材
**高校系列**

U0647238

# ERP SIMULATION
# EXPERIENCE TURORIAL

# ERP
# 沙盘模拟实战

╋ 张前 编著

ECONOMICS
AND
MANAGEMENT

人民邮电出版社
北 京

**图书在版编目（ＣＩＰ）数据**

ERP沙盘模拟实战 / 张前编著. -- 北京 ：人民邮电
出版社，2017.4
21世纪高等学校经济管理类规划教材. 高校系列
ISBN 978-7-115-44584-1

Ⅰ. ①E… Ⅱ. ①张… Ⅲ. ①企业管理－计算机管理
系统－高等学校－教材 Ⅳ. ①F272.7

中国版本图书馆CIP数据核字(2017)第003608号

## 内 容 提 要

本书结合作者多年 ERP 沙盘模拟教学、竞赛中积累的经验和心得，集实用性、知识性和趣味性
于一体，有助于学生理解和掌握 ERP 沙盘模拟的过程。全书共 9 章，主要内容包括 ERP 沙盘模拟概
论、构建模拟企业、模拟运营规则、起始年运营、市场与选单、ERP 电子沙盘、ERP 沙盘模拟成功
之道、ERP 沙盘模拟实战案例和 ERP 沙盘模拟实战手册。其中 ERP 沙盘模拟实战手册包括模拟企
业各岗位的分管表格，由学生根据教学进度和实际运营情况填写，是考核学生学习情况的重要依据。

本书可作为经济管理类专业本专科生、研究生和 MBA 学员的教材，也可作为企业相关人员的
培训用书。

◆ 编　著　张　前
　　责任编辑　许金霞
　　责任印制　杨林杰

◆ 人民邮电出版社出版发行　　北京市丰台区成寿寺路 11 号
　　邮编　100164　电子邮件　315@ptpress.com.cn
　　网址　http://www.ptpress.com.cn
　　固安县铭成印刷有限公司印刷

◆ 开本：787×1092　1/16
　　印张：11.25　　　　　　2017 年 4 月第 1 版
　　字数：253 千字　　　　 2025 年 7 月河北第 9 次印刷

定价：32.00 元

读者服务热线：(010)81055256　印装质量热线：(010)81055316
反盗版热线：(010)81055315

　　为了适应当今社会对人才培养的需求，提高学生学以致用的能力，尤其是培育学生的创新精神、创业意识和把握商机机会的能力等职业综合素质，21 世纪初，国内一些著名管理软件提供商，如用友软件公司、金蝶软件公司、杭州贝腾公司等相继开发出 ERP 沙盘产品并引入各类院校的教学实践。

　　众所周知，企业家不是在大学课堂里说教出来的，即便是经济管理类专业的学生或是 MBA，也必须经过一番现实的摸爬滚打，才能胜任企业管理工作。现代管理学之父彼得·德鲁克曾经说过，管理是一种实践，其本质不在于"知"而在于"行"。管理学大师亨利·明茨伯格也认为，管理是一种实践，它将大量的技巧（经验）、一定程度的艺术（洞察力）和一些科学（分析）结合在一起。可见，实践经验的积累对于管理者素养的提升至关重要，但通过现实中"头破血流"的惨痛教训获取经验毕竟代价高昂且时间漫长，ERP 沙盘模拟实战相对而言成本低、效率高。ERP 沙盘模拟实战的突出特点在于让学生通过"做"来"学"，也就是在参与中学习，强调"先行后知"，基于实战模拟理解管理思想、领悟经营规范、提升商务技能，在实践中培养管理人才，与传统的课堂灌输授课形式截然不同。纵观 ERP 沙盘模拟实战，学生们在兴趣中参与、在行动中融入、在对比中反思、在总结中收获，有效实现了知识、技能和素质三者有机结合，拉近了知与行之间的距离，为大学生搭建了一个良好的职业成长平台。ERP 沙盘模拟课程融理论与实践为一体、集角色扮演与岗位体验于一身的设计思想新颖独特，是经管类专业教育观念和教学模式的创新。

　　本书由济南大学商学院张前老师编写。张前老师多年来专注于 ERP 沙盘模拟教学，并指导学生在"挑战杯"网络虚拟运营专项竞赛、国际企业管理挑战赛（GMC）、"新道杯"全国大学生沙盘模拟经营大赛、"用友杯"全国大学生会计信息化技能大赛、"网中网杯"全国大学生财务决算网络大赛和"学创杯"全国大学生创业综合模拟大赛等大学生科创竞赛中屡创佳绩，是济南大学 ERP 沙盘模拟教学的开创者与奠基人，带领济南大学竞赛团队由新手成长为该领域的标兵。

　　本书图文并茂、通俗易懂、结构清晰、内容新颖，无论从体例安排到内容设计，还是从知识点的归纳到教法的运用，都进行了大胆的探索和尝试，集实用性、知识性和趣味性于一体，有助于读者理解和掌握 ERP 沙盘模拟。

在本书的编写过程中，编者参考了国内外许多专家的研究成果和相关文献，在此向相关作者表示衷心的感谢！

由于编者水平有限，书中难免有疏漏与不足之处，恳请同行专家及广大读者批评指正。

编　者

2016 年 12 月

目 录

CONTENTS

# 目录 CONTENTS

# CHAPTER1

# 第一章
# ERP沙盘模拟概论

## 一、沙盘与ERP

### （一）沙盘的概念

沙盘：用沙土堆成的地形模型，一般用木盘盛着。——《现代汉语词典》（第 7 版）. 北京：商务印书馆，2016：1132.

"沙盘"一词源于军事学，它通过采用各种模型来模拟战场的地形及武器装备的部署情况，结合战略与战术的变化进行推演，从而迅速制定出有效的作战计划。利用沙盘研究作战情况在我国有着悠久的历史。《史记·秦始皇本记》中记载："以水银为百川江河大海，机相灌输，上具天文，下具地理。"据说，秦在部署灭六国时，秦始皇亲自堆制沙盘研究各国的地理形势，在李斯的辅佐下，派大将王翦进行统一战争。后来，秦始皇在修建陵墓时，墓中堆塑了一个大型的地形模型，以地形模型作为殉葬品，这说明秦始皇在统一战争中认识到地形之重要。模型中不仅砌有高山、丘阜、城邑等，而且用水银模拟江河、大海，用机械装置使水银流动循环。可以说这是最早的沙盘雏形，距今已有 2200 多年的历史。《后汉书·马援列传》记载：公元 32 年，汉光武帝刘秀征讨陇西的地方强豪隗嚣，召名将马援商讨进军战略。马援对陇西一带的地理情况很熟悉，运用米堆成一个与实地地形相似的模型，从战术上做了详尽的分析

（"聚米为山谷，指画形势"）。刘秀看后，高兴地说："虏在吾目中矣（敌人尽在我的眼中了）!"这是我国战争史上运用沙盘模拟战场、研究战术的首创。北宋著名科学家沈括发展了沙盘制作方法，把宋朝与契丹（辽）接壤的沿边地形制成木质地形模型。为方便起见，后来改为石粉糊木屑做在木面板上，他所在的定州（今河北省定州市）冬天寒冷，容易脱落，又改为熔蜡制作，报送皇上，宋神宗看后甚为嘉评，并下诏边疆各州俱效法制作。

战争沙盘模拟推演跨越了实兵军演的巨大成本障碍和时空限制，在重大战争战役中得到普遍运用，其推演效果在第二次世界大战中更是发挥到了极致。

今天，沙盘已经广泛应用于社会经济生活的各个领域，尤其是城市规划、房地产开发、旅游景区等。随着现代信息技术的发展，出现了能够实时、动态反映客观对象情况的电子沙盘，促使沙盘向自动化、多样化的方向发展。尽管构成沙盘的材质发生了根本性的改变，但"沙盘"这个名称已经约定俗成了。

# （二）ERP 简介

ERP 是英文 Enterprise Resource Planning 的缩写，即企业资源计划，其概念由美国著名咨询公司 Gartner Group（加特纳集团）于 20 世纪 90 年代首先提出。二十多年来，ERP 由概念发展到应用。目前，世界 500 强企业中有 80%以上都已经实施了 ERP 系统。

顾名思义，ERP 就是对企业的所有资源进行计划、控制和管理的一种手段。ERP 的核心是计划，对象是企业资源。企业资源是指支持企业业务运作和战略运作的各项要素，也就是"人""财""物"和"信息"，具体来说，包括厂房、设备、物料、资金、人员，还包括企业上游的供应商和下游的客户等，如图 1-1 所示。

图 1-1　企业资源

ERP 是一个有效组织和实施企业的"人""财""物"和"信息"管理的系统，ERP 的实质就是在资源有限的情况下，通过系统的计划和控制等功能，结合企业的流程优化，有效配置各项资源，以加快对市场的响应，降低经营成本，提高效率和效益，提升企业整体竞争力，力求达到企业价值最大化。

企业运营过程也就是对企业资源的管理过程，企业运营的基本流程如图 1-2 所示。整个流程中有三条线：一条线从客户需求产生的销售订单到向供应商发出物料需求采购订单，这条线是计划的形成和管理过程；另一条线从采购物料入库到产品交付客户，这条线是生产经营业务的执行过程；还有一条主线是产品研发过程。

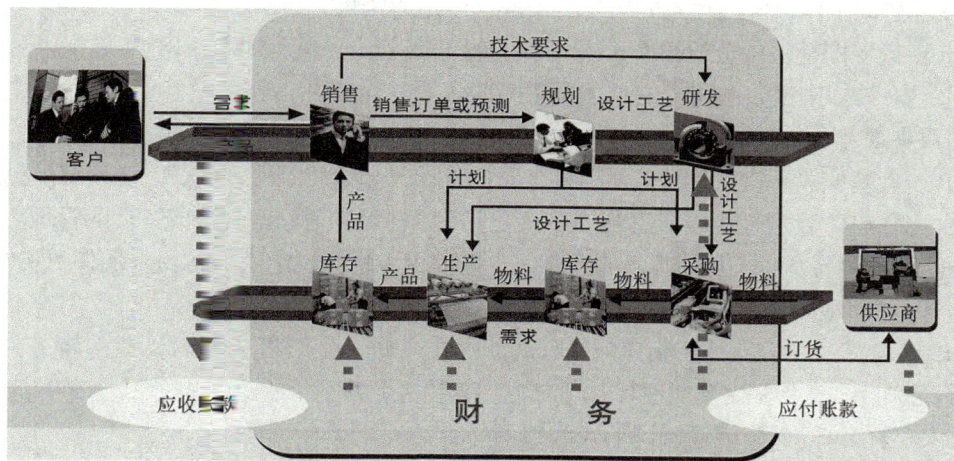

图 1-2　企业运营的基本流程

　　企业运营过程的各项活动都与财务系统有着密切联系，当企业向客户发出产品时会产生应收账款，当收取供应商的物料时会产生应付账款，而在产品的生产加工过程中会产生人工费用等。

　　ERP 是一个复杂的管理信息系统，更是一种管理思想，是面向供应链的管理思想。ERP 将企业的业务流程看作一个紧密连接的供应链，将企业内部划分成若干相互协同作业的支持子系统，如财务管理、市场营销、生产制造、质量控制、服务维护、技术研发等。ERP 的核心思想就是实现企业整个供应链的高效、流畅管理。ERP 系统不仅体现了企业对供应链资源进行有效管理的思想，还体现了适时制生产、精益生产、并行工程、敏捷制造、事先计划和事中控制的思想。

## （三）ERP 沙盘的定义

　　关于 ERP 沙盘的定义，目前理论界还没有一个统一的表述。笔者认为，ERP 沙盘就是把企业运营的关键环节设计成可视的实体模型，将企业外部环境和内部条件的各种因素简化、抽象为一系列的规则，用于重演企业运营的过程和结果。ERP 沙盘将企业资源合理简化，能够突出反映企业经营的本质，正所谓"小小沙盘方寸间，决策真谛藏中间"。

# 二、ERP 沙盘模拟课程

## （一）课程描述

　　ERP 沙盘模拟就是利用直观形象的沙盘教具，构建仿真企业环境，采用团队模拟对抗的形式进行训练。参加课程的学生被分成若干个小组，分别代表同一行业存在竞争关系的不同企业，每个小组由若干名学生组成，并以企业管理者的角色进入场景，如 CEO、财务总监、营销总监、生产总监、采购总监等。要求学生们亲身体验企业运作的完整流程，参与企业的资金流、物流、信息流及其协同工作，并在动态的市场竞争环境中运筹帷幄、决战商场。

ERP 沙盘模拟是一种全新的教学模式，为学生理解企业实际运营和 ERP 实施提供了一个实战仿真平台。具体来说，该课程的特点可以归纳如下。

### 1．直观性

ERP 沙盘模拟以沙盘教具为载体，将企业资源状况和管理流程全部展示在模拟沙盘上，把复杂、抽象的 ERP 管理理论以最直观的方式呈现，让枯燥的理论学习变成鲜活的管理实践，易于学生理解和接受，同时，身临其境的感官体验能够极大地激发学生的学习兴趣和主观能动性。

### 2．实战性

ERP 沙盘模拟让学生直接参与企业运营，通过"做"来"学"，也就是在参与中学习，强调"先行后知"，基于实战模拟理解管理思想，领悟经营规范，提升商务技巧，在实战中培养管理人才，与传统的课堂灌输授课形式截然不同。

### 3．竞争性

ERP 沙盘模拟采用团队对抗的形式进行训练，参加实训的学生被分成若干个小组，分别代表同一行业存在竞争关系的不同企业。在连续若干年模拟运营中，各个小组面对同行竞争、市场与产品单一、资金与产能不足等困境，需要使出浑身解数，在获取资源、占领市场、争夺订单及赢得利润等方面进行较量。

### 4．协作性

每个小组由 5 至 7 名学生组成，分别担任企业经营过程中需要的主要管理者，如 CEO、营销总监、生产总监、采购总监、财务总监等，他们各司其职、各负其责、凝心聚力、共谋发展。在模拟对抗中，学生们将遇到企业经营中经常出现的各种典型问题，他们必须一同发现机遇，分析问题，制定决策，实现企业资源的有效配置与协调，保证企业流畅运转，取得商业上的成功及持续成长。

### 5．自主性

ERP 沙盘模拟以教师为指导、学生为主体，学生们组成的经营团队主导了课堂的进程和走向，教师由"教学"变为"导学"，学生有充足的自由来思考和尝试企业经营的重大决策，品味商场竞争的残酷和企业经营的不易，感受承担责任的乐趣与艰辛，在参与、体验中实现从知识到技能的转化，在操盘后的总结交流中再完成从实践到理论的二次升华。

### 6．综合性

ERP 沙盘模拟涉及企业的人、财、物、供、产、销等经营要素，经历市场分析、制定战略、营销策划、组织生产、现金预算、投融资管理等一系列关键环节，要求学生们综合运用战略管理、营销管理、生产管理、物流管理、财务管理、会计核算等多个学科领域的知识，并在实践中使所学知识得以融会贯通，为相关学科知识的衔接提供了一个平台。

ERP 沙盘模拟课程的功能主要体现在两个方面：一是引导功能，即帮助学生找到知识缺口，激发学习兴趣，树立学习目标；二是总结功能，即对学生理论知识的检验作用，帮助学生更深刻地体会所学知识的意义和用途。

## （二）课程目标

通过 ERP 沙盘模拟教学，拟达到以下目标。

### 1. 理解 ERP 管理思想，提升企业管理能力

传统课堂教学的目标往往在于让学生听懂、相信，然而，真正的"理解"唯有来自实际的运用和持续的思考。ERP 沙盘将企业运营的关键环节自然地呈现在学习者面前，跨越了专业分隔和部门壁垒。ERP 沙盘模拟课程包含角色扮演、案例分析和专家诊断等内容，学生们置身于企业管理的大环境下，通过模拟企业连续若干年的全面经营，参与企业的资金流、物流、信息流及其协同工作，对企业的完整运营流程形成感性体验，充分认识企业资源的有限性，领悟各部门决策对企业行为和业绩的影响，从而深刻理解 ERP 管理思想，建立全局观念与战略意识，全面提升管理素质。

### 2. 增强人际沟通能力，培养团队协作精神

企业管理体系是各部门相互影响、相互制约的有机整体，团队成员对经营管理中的行为持不同观点时，就需要通过互动式沟通与合作来解决问题。在"各司其职""彰显个性"的同时，还应强调各个部门的"互动与协作"。在 ERP 沙盘模拟中，每个团队经过初期组建、短暂磨合，逐渐形成团队默契，完全进入协作状态。在这个过程中，各自为战导致的效率低下、无效沟通引发的争论不休、职责不清产生的秩序混乱等情况，可以使学生深刻地理解"局部最优不等于总体最优"的道理，学会换位思考。明确只有在组织的全体成员有着共同愿景、朝着共同的绩效目标努力、遵守相应的工作规范、彼此信任和支持的氛围下，企业才能取得成功。这样，既锻炼了学生的沟通能力，又能在意见从分歧到统一的过程中培养团队协作精神。

### 3. 提供就业指导，培育创业能力

通过对企业运营过程的实际体验，让学生在就业前就可以接触到企业内部各个部门真实的工作，了解其工作内容和性质，启迪学生对未来创业与职业发展的思考，帮助学生明确自己"想干什么和擅长做什么"，发现与自己的性格、能力最匹配的岗位，形成对未来职业生涯道路的较清晰定位，从而降低毕业生择业的盲目性，提高求职的成功率，拓展大学生的就业前景。

## （三）课程内容

ERP 沙盘模拟课程是基于直观形象的沙盘教具，让学生亲自虚拟建立一家企业，运用所学知识模拟企业连续若干年的全面经营，该课程融理论与实践为一体、集角色扮演与岗位体验于一身，要求学生将理论付诸实践，并在实践中升华理论，通过实战培养管理人才。具体来说，该课程涉及的教学内容包括：整体战略方面有评估内部资源与外部环境，预测市场趋势，制定长中短期经营策略；生产运作方面有获取生产能力的方式，设备更新与生产线改良，调配市场需求、交货期和数量，库存管理及产销配合；市场营销方面有市场分析与开发新产品决策，产品组合与市场定位策略制定，市场地位的建立与维护，不同市场盈利机会的研究与开拓；财务管理方面有制定投融资计划，评估应收账款回收期，现金流量的管理与控制，财务报表编制，财务分析与内部诊断，互动管理决策，评估决策效益等。

ERP 沙盘模拟的目标与内容如图 1-3 所示。

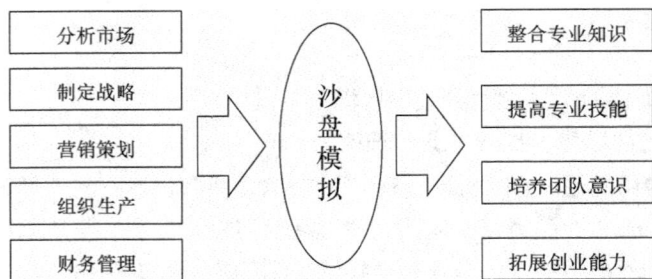

图 1-3　ERP 沙盘模拟的目标与内容

## （四）课程实施

### 1．设置情景角色

将参加课程的学生分成若干个小组，分别模拟一家处于制造类行业、规模相当、起点一致的企业。每个小组由 5～7 名学生组成，分别担任企业经营过程中需要的主要管理人员，如 CEO、财务总监、营销总监、生产总监、采购总监等。教师则担任多重角色：一方面在模拟对抗中扮演市场和执法的角色；更重要的是在教学活动中通过指导学生演练并根据学生在教学现场的实际操作数据，动态地分析成败的原因和关键因素，促使学生们将操作过程中获得的感性体验升华为理性认识。

### 2．模拟企业经营

每个小组（企业）连续从事 4～6 个会计年度的经营活动。在模拟运营前，每个小组要制定出企业运营规划；在模拟对抗中，学生们将遇到企业经营中常出现的各种典型问题，他们必须一同发现机遇，分析问题，制定决策，努力实现企业资源的有效配置与协调，争取商业上的成功及不断成长。模拟经营过程使学生身临其境地感受到企业经营者直面的市场竞争的精彩与残酷，体验承担责任的乐趣与艰辛，进而体悟企业经营管理的关键，了解 ERP 对企业管理的解决之道。同时，学生们把课堂理论学习中存在的疑问带到沙盘模拟中加以验证，真正达到了理论与实践相结合，进一步增强了分析问题、解决问题的能力。总之，通过模拟企业经营，要使学生在参与、体验中完成从知识到技能的转化。

### 3．评析与总结

每一轮模拟经营结束后，各小组要提交相关报表并进行互动讨论，与先前的规划对比，通过对企业的财务状况和经营成果进行分析，深刻反思成功或失败的关键所在，并结合竞争对手的情况对企业战略进行必要的调整；同时，由教师对各组学生的表现进行评析，指出其优势与不足。通过操盘后的总结交流，使学生完成从实践到理论的二次升华。

案例教学是经管类专业的主要教学方法之一，在教学中发挥着重要作用，但是相关专业课教材本身的案例往往是抽象的、静态的数据汇集，缺乏相应的案例背景，而企业管理能力的有效培养离不开经营管理的动态背景。通过 ERP 沙盘模拟对抗，在动态的市场背景下形成了一系列个性化、鲜活直观的模拟企业运营案例。这些案例数据源于学生的自身体验，具有真实背景，易于理解和驾驭。

ERP 沙盘模拟课程采用体验式学习方式，遵循"体验→分享→提升→应用"的逻辑，按照

"情景设置→沙盘载体→模拟经营→对抗演练→教师评析→学生感悟"这样一个基本过程设计教学环节，其基本流程如图 1-4 所示。

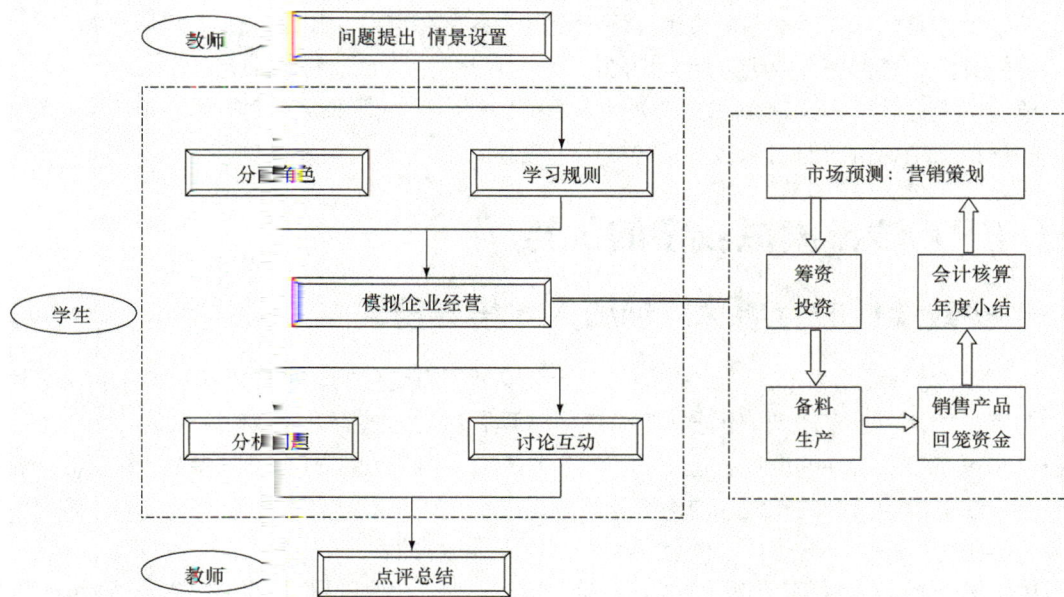

图1-4　ERP沙盘模拟课程基本流程

## （五）教师的作用

在 ERP 沙盘模拟课堂中，教学活动从以"教"为中心转向以"学"为中心，学生成为教学活动的主体，学习活动成为教学活动的中心，教师课堂讲授与学生自主式、互动式、体验式学习相结合，教师的作用也从以课堂讲授为主转向以教学设计与组织，指导、监控和考核学生的学习活动为主，由"全盘授予"转变为"相机诱导"。在这个过程中，教师是处在辅助的地位上，但这并不意味着教师是无所作为的旁观者，恰恰相反，教师在课程的不同阶段分别扮演着导演、顾问、观察家、专家等角色，发挥着不可或缺的作用。扮演好这些角色，对教师的群体互动能力和临场应变能力要求很高。

教师的作用在评析与总结环节显得尤为突出。教师现场案例评析是 ERP 沙盘模拟教学环节中的点睛之笔，也是精髓所在，绝不是可有可无的。每一年经营下来，教师都要结合 ERP 沙盘模拟对抗中形成的模拟企业运营案例，找出学生们普遍困惑的问题，针对现场典型案例进行深层剖析，透过现象深入分析企业的经营，从中找出薄弱环节或症结所在，再提出切实有效的解决之道。例如如何安排团队成员的分工与协作，如何评估企业的内部资源与外部环境，如何编制现金预算，如何制定细分市场的广告方案，如何安排采购计划和生产排程，如何分析企业的财务状况和经营成果，如何处理风险和收益的关系等。通过案例评析，使学生不仅知其然，而且知其所以然，帮助学生打通知识脉络，提高知识运用能力。

尽管 ERP 沙盘模拟没有标准答案，但是，如果教师谈不出一些具有独到之处、对学生启迪的见解，如果教师不能从企业经营的战略战术乃至哲学的高度谈出几点高屋建瓴的看法，如果教师在这个时候谈出的是一碗白开水，或是一地鸡毛，那么，不仅这一次的现场点评与总结是有缺陷的，而且会在一定程度上降低学生参与下一次课堂互动讨论的积极性。此外，教师还要善于为学生们自主、互助学习创设良好环境，因为只有在宽松、和谐、相互尊重的氛围中，学生才可能有独立意识，并敢于大胆提出想法、表达思想，从而进发出创新的火花。可见，与传统的单纯讲授式教学相比，教师在 ERP 沙盘模拟课程中扮演着难度更大的重要角色，这无疑对教师的学识水平、执教能力和敬业精神提出了更高要求。

# 三、ERP 沙盘模拟教学的优势

## （一）实践柔性教育理念，创新人才培养模式

所谓柔性教育，是指以满足科技与经济社会发展不断变化的客观要求和培养学生未来适应能力为宗旨的，在教学计划、教学内容、教学管理和教学方式等方面具有较大的可组合性、可选择性和可持续发展性的教育。这里的"柔"是相对"刚"而言的，它强调的是教育的弹性和灵活性，注重学生潜能的开发和应对客观环境变化能力的培养。在教育实践上，柔性教育要求高校以学生为中心，从学生关心的就业问题出发开展教育活动，实施"能力教育"。

ERP 沙盘模拟课程采用体验式的互动教学方法，整个教学过程以教师为指导，学生为主体，学生有充足的自由来思考和尝试企业经营的重大决策，在参与中学习 ERP 的管理思想和管理技能。这种"学生学为主，教师教为辅"的全新教学模式，与柔性教育观提倡的"以学生为中心"的理念不谋而合。

## （二）寓教于乐，激发学生的学习潜能

众所周知，兴趣是最好的老师，能否调动学生的学习兴趣是影响教学效果的重要因素。在传统课堂教学中，是以教师为中心，以教材为中心，由教师对学生进行单向的信息传输。枯燥乏味的授课模式影响了学生接受知识的效果，原本实践性、应用性很强的知识，学生接受起来却感到十分抽象，自然难以把这些理论迅速掌握并应用于实践。

ERP 沙盘模拟课程采用一种具有竞赛性的教学模式，也可以说含有游戏的成分。据说全世界计算机使用量的半数以上是用来玩游戏，可见游戏对人的吸引力。模拟企业经营过程中充满了竞争与合作的博弈机制，例如，在占有市场中他们可能是对手，双方针锋相对；在某些小组未能按期交货的情况下，可以与其他小组协商调货，他们又是合作伙伴；在人事聘用上，小组之间可以互相挖人；当个别小组面临破产的境地时，其他企业也可以提出收购等。这些都增加了 ERP 沙盘模拟课程的趣味性，调动了学生的学习热情，变被动学习为自主学习和互助学习，有利于发挥学生的聪明才智，提高学生的发散思维与创新能力。

## （三）突破专业壁垒，拓展学生的知识体系

传统教育划分了多个专业方向，学习者只能择其一而修，专业壁垒禁锢了学习者的发展空

间和思维方式。ERP沙盘模拟课程是对企业经营管理全方位的展现，涉及战略规划、产品研发、生产组织、市场与销售、财务管理、团队沟通与建设等诸多环节，涵盖的知识面非常广泛。企业管理团队要将每一个环节运行好，实现财务、采购、生产、营销的一体化，实现物流、资金流、信息流的协调统一。而这些问题的较好解决，需要学生灵活运用所学经济学、管理学、市场营销、财务会计、财务管理等学科的专业知识。通过ERP沙盘模拟课程将这些内容进行整合，打破各学科的专业壁垒，将零散的单科知识转化为相互贯通的系统知识，并且将这种整合后的知识灵活运用于工作以解决实际问题，真正实现理论与实践的结合。

## （四）全面提升学生的综合素质

### 1．强化沟通技能和团队协作能力

ERP沙盘模拟是需要学生互动的，不仅强调"各司其职、各负其责"，还要注重各个角色的团结与协作。如果营销总监没有对市场进行深入分析，就不知道应该研发何种产品和开拓哪些市场；不清楚开发什么产品和市场，生产总监就无法给出准确的生产计划和产能，也无法判断是否应该进行生产线更新改造；不清楚生产计划和上线生产的具体情况，采购总监就不可能及时下原材料订单；以上各个环节又直接关系到财务总监的现金预算和融资方案；而这一系列流程都需要 CEO 的统筹安排与规划。由此可见，团队中每个角色都是紧密相连、环环相扣、缺一不可的，只有所有成员为共同的目标或愿景而奋斗，才能在危机出现时转危为安，才能在动态的市场竞争中找出制胜之道。笔者在多年从事ERP沙盘模拟教学和指导学生竞赛的过程中发现，几乎所有学生在总结中都提到一点，就是模拟企业运营让他们懂得了团队精神的重要性。

### 2．培育共赢理念

市场竞争是激烈的，也是不可避免的，但竞争并不意味着你死我活。经过ERP沙盘模拟课程的训练，学生们意识到企业间的协作是必不可少的。这就要求知彼知己，在市场分析、竞争对手分析上做足文章，在竞争中寻求合作，企业才会有无限的发展机遇，所以做市场不是独赢而是共赢。

### 3．树立诚信原则

诚信原则在ERP沙盘模拟课程中体现为对"游戏规则"的遵守，树立诚信原则是大学生立足社会、发展自我的基本素质。市场经济本质上是一种信用经济，信用制度是促使市场机制良性运行所必不可少的制度基础之一，而现代信用制度是建立在诚信基础上的契约关系，失去诚信，契约关系就无法维系，社会经济秩序就会发生紊乱，整个市场经济就会失去生命力。所以，诚信业已成为现代市场经济的道德灵魂，是一切经济活动顺利开展的前提，尤其是当代的电子商务、电子货币、电子结算，更需要诚信道德规范。

### 4．磨炼意志，感悟人生

面对商场竞争的残酷与企业经营的风险，是"轻言放弃"还是"坚持到底"，这不仅是一家企业可能面临的问题，更是在人生旅途中常常需要抉择的问题，经营自己的人生与经营一家企业具有一定的相通性。挫折在人生之路上是不可避免的，挫折本身并不可怕，可怕的是经受挫折之后一蹶不振。一个成功者，一定是历尽挫折而热情不减、持之以恒、永不放弃的人。

# 四、ERP 沙盘模拟教学的现场效果

教学实践证明，ERP 沙盘模拟课程的引入，受到广大师生的普遍欢迎和好评，课堂面貌焕然一新，取得了显著的教学效果。笔者从教二十余年，主讲过高校会计学专业的所有主要专业课，但每次讲授 ERP 沙盘模拟课程都会有一种不一样的清新感和挑战感，真正体验到教学本身的快乐，而且被这种学习氛围和场景深深感动——没有考勤但看不见迟到和早退，甚至下课后还在热烈讨论；没有提问但每个人都在尽情地展现思想、释放个性，甚至有时争论得面红耳赤；没有作业但课堂里、宿舍中到处都有自发研究的学习团队，甚至为了某个疑问或方案而彻夜不眠。成功与失败，喜悦与沮丧，贯穿于模拟企业经营的始末。正如学生课后感言，"ERP 沙盘模拟使我们找到了那种在没有硝烟的战场上厮杀的快感；见识到那种运筹帷幄之中，决胜千里之外的智慧；也经历了一招不慎，满盘皆输的惨痛；更体味到打破常规，置之死地而后生的幸运；第一次将自己的所学运用于实践，并见效果。个中甘苦，实在让人回味悠长！"这些效果都是传统教学难以达到的。

纵观 ERP 沙盘模拟实战，学生们在兴趣中参与、在行动中融入、在对比中反思、在总结中收获，有效实现了知识、技能和素质三者有机结合，拉近了知与行之间的距离，为大学生提供了一个良好的职业成长平台。ERP 沙盘模拟课程的产生顺应了当前就业导向教育观的要求，是经管类专业教育观念和教学模式的创新。

## 思考题

1. ERP 沙盘模拟的特点是什么？
2. ERP 沙盘模拟课程的主要内容是什么？
3. ERP 沙盘模拟课程的知识准备和要求有哪些？
4. 作为企业管理者，必须了解企业哪些方面的情况？

# CHAPTER2

# 第二章
# 构建模拟企业

## 一、组建团队

### （一）企业及其组织结构

　　企业是指从事生产、流通、服务等经济活动，以生产或服务满足社会需要，实行自主经营、独立核算、依法设立的一种营利性的经济组织。经营是指企业以市场为对象，以商品生产和商品交换为手段，为了实现企业的目标，使企业的投资、生产、销售等经济活动与企业的外部环境保持动态均衡的一系列有组织的活动。作为一个以盈利为目的的组织，企业管理的目标可概括为：生存、发展、盈利，而盈利的主要途径一是扩大销售（开源），二是控制成本（节流）。

　　企业组织结构描述了企业组织的框架体系，是企业组织内部各个有机构成要素相互作用的联系方式或形式，以求有效、合理地把企业成员组织起来，为实现共同目标而协同努力。组织结构是企业资源和权力分配的载体，它在人的能动行为下，通过信息传递，承载着企业的业务流动，推动或者阻碍企业使命的进程。

　　从组织结构设计的角度出发，可以把"组织"形象地理解为："组"是分组的意思，"织"是编织的意思。企业为了实现其发展战略和经营目标，首先要进行分组，即把企业发展战略目标和经营任务分解成一系列分目标、分任务，并按照精简、高效和节约的原则来设立部门、分配职务、配置人员，明确各自的职责和权利；然后，解决它们之间的配合、协调问题，即把分组形成的各个部分编织成一个有机的整体。合理的企业组织结构是企业实施有效管理的基本保证之一。

ERP 沙盘模拟简化了企业组织结构的形式。在 ERP 沙盘模拟中，企业组织由几个主要角色代表，包括 CEO（总经理）、财务总监、营销总监、生产总监、采购总监等。

## （二）模拟企业的人员分工与职能定位

### 1. 分组

进入 ERP 沙盘模拟课程的学习，首先要对教学班学生分组。结合企业业务职能部门的划分，可以把学生按 5～7 人组成一个团队，构建一家企业，这样将教学班全部学生分成了 6～12 家相互竞争的模拟企业（视教学条件与学生人数而定），分别以大写英文字母 A、B、C、D、E、F……命名。在 ERP 电子沙盘模拟对抗中，则以 U01、U02、U03、U04、U05、U06……命名，详见本书第六章。

为了激发学生的参与热情、在模拟经营中达到良好的沟通，需要通过相应的"事先铺垫"来烘托气氛，做好"破冰热身"，如每个团队自主讨论确定企业名称和口号、设定企业目标以及通过推举或者协商分配角色等。在这个过程中，CEO 起着关键作用。一方面，CEO 要善于调动团队成员的积极性，确定共同的奋斗目标；另一方面，CEO 要对团队成员的专长做出准确判断和定位，掌握团队成员的思想动态和情绪变化，加速团队成员间的彼此熟悉，以增强团队凝聚力，保持竞争斗志。

### 2. 角色及职能

在模拟企业中，团队成员通过推举或者协商，分别担任不同的角色，如 CEO、财务总监、营销总监、生产总监、采购总监等。接下来，他们在面对来自其他企业（学习小组）的激烈竞争时，通过密切配合、协同作业，推进企业向前发展。在学习小组人数较少时，可以一人多职；在人数较多时，也可以增加相应的助理职务，如财务助理、营销助理等。

在 ERP 沙盘模拟课程中，经常会出现某个小组靠一两名"精英"挑大梁的现象，其他成员对企业经营表现得漠不关心或任由"精英"们的摆布。这种现象主要是由于部分学生缺乏自信造成的，一旦学生有这样的想法，模拟企业经营就变成了少数人的"游戏"，导致教学效果大打折扣。为避免团队成员出现"搭便车"行为或者无所事事，可以采用任务式教学法，即事先按角色制定完整的任务分配表，为每个角色规定相应的职能，要求学生们在进行相关沙盘教具操作的同时，还要填写有关表格，记录企业运营的过程和结果，具体角色设置与分工如表 2-1 所示。这样可以使学生带着"任务"参与沙盘模拟课程，防止经常出现的角色与职责混乱，而且这种在具体工作上的细致分工还可以有效地避免重复劳动。

表 2-1　角色设置与分工一览表

| 角色 | 主要职能 | 分管主要表格 | 表格编号 |
|---|---|---|---|
| CEO | 制定发展战略<br>控制运营流程 | 经营记录表（总控） | A1 |

| 角色 | 主要职能 | 分管主要表格 | 表格编号 |
|---|---|---|---|
| 营销总监 | 广告与选单<br>交货<br>应收款管理 | 广告费登记表<br>订单登记表<br>应收款明细表<br>产品销售汇总表<br>三项开发投资明细表 | B1<br>B2<br>B3<br>B4<br>B5 |
| 采购总监 | 编制采购计划<br>仓储管理 | 经营记录表（原料） | C1 |
| 生产总监 | 编制生产计划<br>生产运作<br>设备管理 | 经营记录表（产品） | D1 |
| 财务总监 | 编制报表<br>现金预算<br>筹资规划 | 经营记录表（现金）<br>会计报表<br>贷款登记表<br>现金预算表 | E1<br>E2<br>E3<br>E4 |

# 二、ERP 沙盘盘面的构成

## （一）ERP 沙盘盘面构成要素

ERP 沙盘模拟课程的实践操作是在沙盘盘面上进行的，各模拟企业的经营决策执行情况和运行结果也将通过沙盘盘面体现出来。根据一般制造企业的运营规律，ERP 沙盘盘面按企业内部各机构的职能划分为营销与规划中心、物流中心、生产中心和财务中心四大部分，如图 2-1 所示。各职能中心涵盖了企业运营的所有关键环节——战略规划、市场营销、生产运作、物资采购、设备投资与改造、库存管理、会计核算与财务管理等，是一家制造企业的缩影。

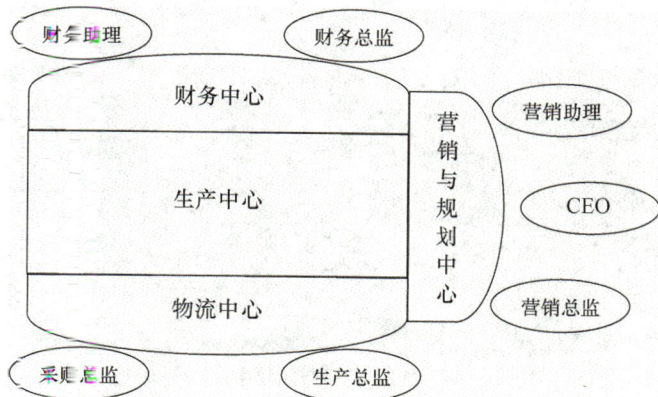

图 2-1  ERP 沙盘盘面——四大职能中心

ERP 沙盘盘面的构成要素如表 2-2 所示。

**表 2-2　ERP 沙盘盘面构成要素一览表**

| 中心名称 | 关键环节 | 主要职能 | 简要说明 |
|---|---|---|---|
| 营销与规划中心 | 战略规划<br>市场营销 | 市场开拓规划 | 五大市场：本地、区域、国内、亚洲和国际 |
| | | 产品研发规划 | 四种产品生产资格：P1、P2、P3 和 P4 |
| | | ISO 认证规划 | 两类认证：ISO 9000 和 ISO 14000 |
| 生产中心 | 设备管理<br>生产运作 | 厂房购置 | 大厂房和小厂房 |
| | | 生产线建设 | 手工生产线、半自动生产线、全自动生产线和柔性生产线 |
| | | 产品生产 | 生产线可安排生产已研发完成的产品 |
| 物流中心 | 物资采购<br>库存管理 | 采购提前期管理 | R1、R2 的采购提前期为一个季度；R3、R4 的采购提前期为两个季度 |
| | | 原料订单管理 | 代表与供应商签订的采购合同，用空桶表示 |
| | | 原料库存管理 | 四个原料库分别存放 R1、R2、R3 和 R4 |
| | | 产品库存管理 | 四个产品库分别存放 P1、P2、P3 和 P4 |
| 财务中心 | 会计核算<br>财务管理 | 现金管理 | 设有现金库存放企业的现金 |
| | | 贷款管理 | 长期贷款、短期贷款和其他贷款，用空桶表示 |
| | | 应收 / 应付款管理 | 应收款和应付款分账期 |
| | | 费用管理 | 表示发生的期间费用 |

## （二）营销与规划中心

在盘面上，营销与规划中心包括市场开拓规划区、产品研发规划区和 ISO 认证规划区三个区域，如图 2-2 所示。

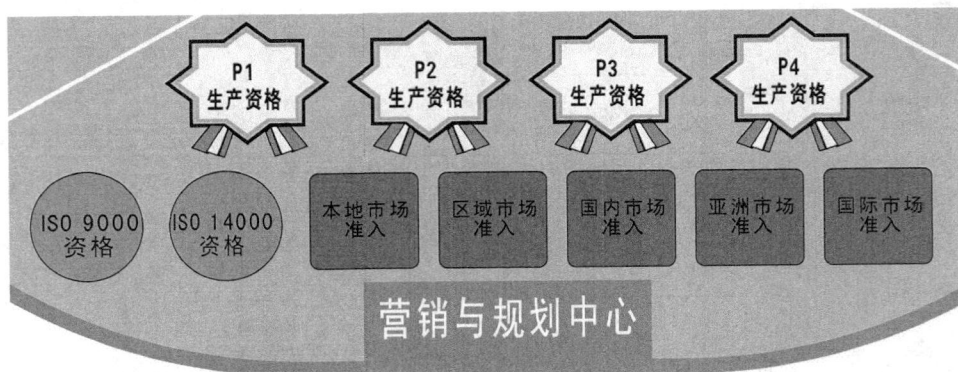

**图 2-2　营销与规划中心**

### 1. 市场开拓规划区

确定企业需要开发哪些市场。模拟企业已经拥有了本地市场准入证，可供选择开拓的还有区域市场、国内市场、亚洲市场和国际市场。市场开拓投资完成后，可领取相应的市场准入证，如图 2-3 所示。各个市场是相互独立的，不存在包含关系。任何一个市场准入资格证的取得，都需要投入一定的时间和资金，两个条件缺一不可。在某个市场开拓完成之前，企业没有进入该市场销售的权利。

图 2-3　市场准入证

### 2. 产品研发规划区

确定企业需要研发哪些产品。模拟企业已经取得了 P1 产品的生产资格，可供选择开发的还有 P2 产品、P3 产品和 P4 产品。产品研发投资完成后，可领取相应的产品生产资格证，如图 2-4 所示。企业只有取得生产资格证后，才允许进行相应产品的生产制造。

图 2-4　生产资格证

### 3. ISO 认证规划区

确定企业需要争取取得哪些国际认证，包括 ISO 9000 质量认证和 ISO 14000 环境认证，分别代表企业在质量管理和环境保护方面的水平。认证投资完成后，可领取相应的 ISO 资格证，如图 2-5 所示。

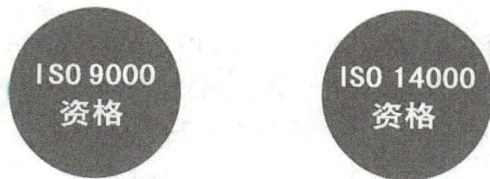

图 2-5　ISO 资格证

市场开拓、产品研发和 ISO 认证简称"三项开发"。企业只有取得相应的资格证书，才能进入相应的市场、获得相应产品的生产资格。

## （三）物流中心

在盘面上，物流中心包括原材料订单区、在途原材料区、原材料库区、产品订单区和产品库区五个区域，如图 2-6 所示。

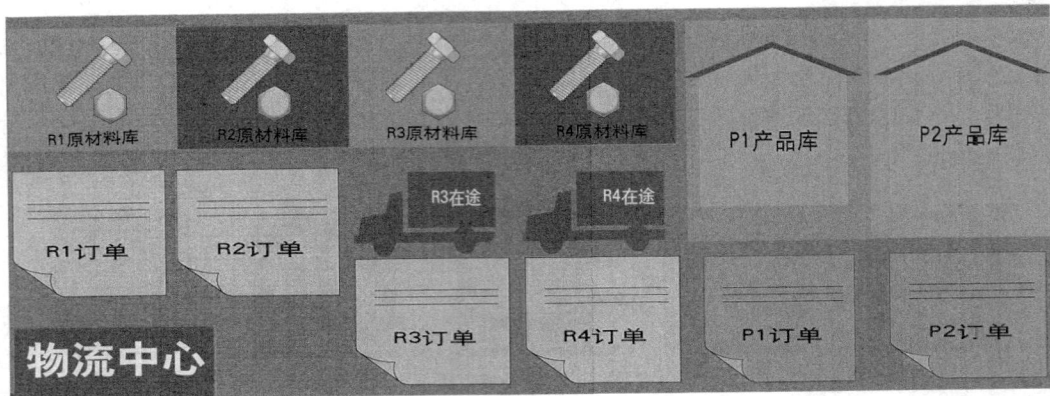

图 2-6　物流中心

### 1．原材料订单区

原料订单代表与供应商签订的采购合同，订货数量用放在原材料订单处的空桶数量表示。原材料订单按 R1、R2、R3 和 R4 品种分别列示。

注意：空桶有多种含义，除了表示原料订单外，如果放在贷款区则表示贷款，空桶还可以与筹码结合表示在制品或产成品，空桶如图 2-7 所示。

图 2-7　空桶

### 2．在途原材料区

R1、R2 原材料的采购提前期为一个季度，R3、R4 原材料的采购提前期为两个季度，这就导致 R3、R4 有一个季度为在途原材料，在盘面的"在途原材料"区域列示。

### 3．原材料库区

原材料库分别按照原材料品种列示，用于存放 R1、R2、R3、R4 原材料，原材料用红、黄、蓝、绿四种彩币表示，每个价值 100 万元。这里，我们用大写字母 M 表示模拟货币单位名称，代表百万元，即 1 个筹码＝100 万元＝1M，彩币如图 2-8 所示。

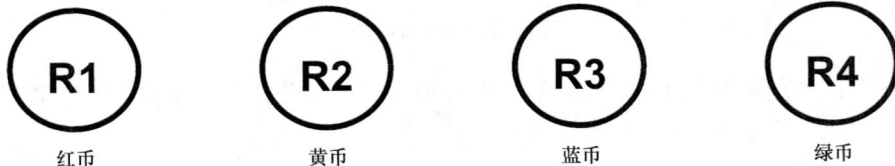

红币　　　　　　　黄币　　　　　　　蓝币　　　　　　　绿币

图 2-8　彩币（原料）

### 4．产品库区

产品库分别按照产品品种列示，用于存放完工入库的 P1、P2、P3、P4 产成品，产品如图 2-9 所示。

图 2-9　产品

### 5．产品订单区

产品订单分别按照产品品种列示，模拟企业在订货会上取得的客户订单摆放在该区域。

# （四）生产中心

在盘面上，生产中心包括厂房区、生产线区、产品标识区和价值区四个区域，如图 2-10 所示。

图 2-10　生产中心

### 1．厂房区

沙盘盘面上设计了大小两种厂房，大厂房可以容纳 6 条生产线，小厂房可以容纳 4 条生产线。厂房的右上方为其价值区，以"￥"表示，若厂房是企业购买的，则将相应金额的灰币放置在该厂房的价值区上。

### 2．生产线区

生产线的种类有手工生产线、半自动生产线、全自动生产线、柔性生产线，不同生产线生产效率及灵活性不同，企业拥有哪种生产线就将对应的生产线标识放在厂房的机位上，生产线标识如图 2-11 所示。生产线上的方格表示生产周期，生产周期的时间单位为季度（以大写字母 Q 表示季度，下同）。

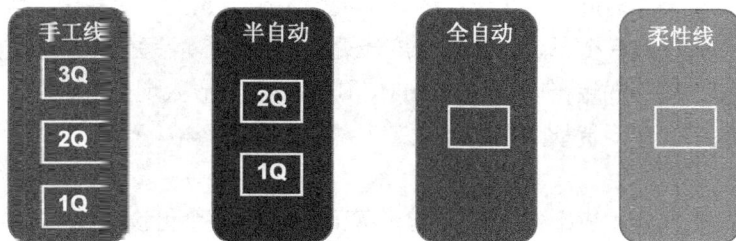

图 2-11　生产线标识

## 3．产品标识区

可供企业选择生产或研发的产品有四种，分别为 P1、P2、P3、P4 产品，企业的生产线生产哪种产品，就将相应的产品标识放置在生产线下方的产品标识处，产品标识如图 2-12 所示。

图 2-12　产品标识

## 4．价值区

在产品标识的下方，代表的是生产线的净值（原值－折旧），将企业拥有的生产线价值放在其对应的"生产线净值"位置上。

# （五）财务中心

在盘面上，财务中心包括费用区、贷款区、现金库区、应收应付款项区四个区域，如图 2-13 所示。

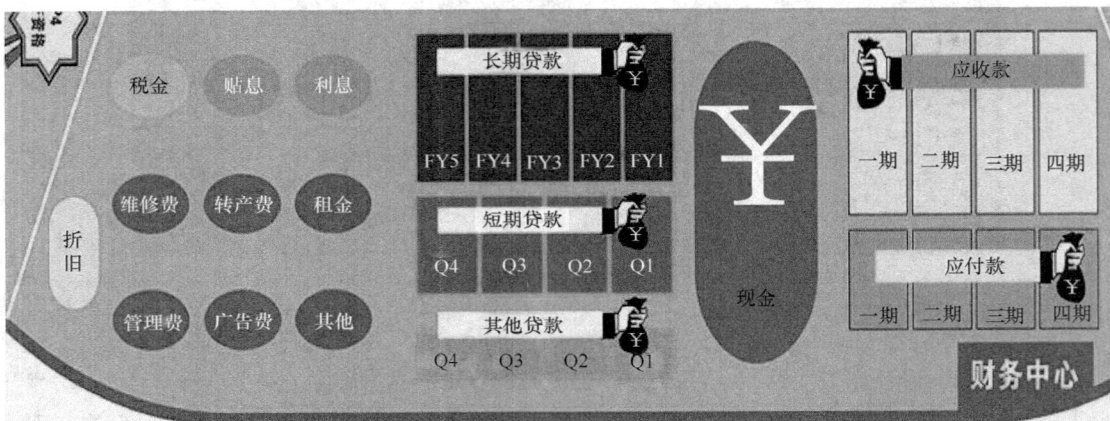

图 2-13　财务中心

## 1．费用区

费用主要有折旧、税金、贴息、利息、维修费、转产费、租金、管理费、广告费及其他费用等。当企业发生以上费用时，财务总监将同等费用金额的灰币放置在盘面上对应的费用名称处。

## 2．贷款区

贷款主要有长期贷款、短期贷款和其他贷款。长期贷款按年度分期，盘面上长贷区的每个方格代表一年，离现金库最近的为 1 年，依此类推，最长为 5 年。短期贷款按季度分期，盘面上短贷区的每个方格代表一个季度，离现金库最近的为 1 季，最远为 4 季。企业贷款的金额必须是 20M 的倍数。如企业向银行申请取得 20M 贷款时，灰币放入现金库，并将盛放灰币的空桶倒置于贷款区相应的位置上。

## 3．现金库区

用于存放企业的现金（货币资金），现金用灰币表示，每个价值 1M，灰币如图 2-14 所示。

图 2-14　灰币（现金）

**4．应收应付款项区**

用于列示企业的应收、应付款项，按照季度分为 4 个账期，账期的单位为季度，盘面上每个方格代表一个季度。离现金库最近的为 1 个账期，最远的为 4 个账期。应收账款是企业由于采用赊销方式销售商品而应向购货单位收取的款项，应收账款的金额用放在相应账期位置上的灰币表示。本书规则中不涉及应付款。

# 三、设定初始状态

ERP 沙盘模拟不是从创建企业开始，而是接手一家已经运营了 3 年、总资产规模为 1.05 亿的制造型企业，该企业长期以来一直专注于某行业 P 系列产品的生产与经营。目前企业拥有一座大厂房，其中安装了三条手工生产线和一条半自动生产线，运行状态良好。所有生产线全部生产 P1 产品，几年以来一直只在本地市场进行销售，有一定知名度，客户也很满意。

## （一）模拟企业财务状况

所谓财务状况，是指企业资产、负债、所有者权益的构成情况及其相互关系。企业的财务状况由企业对外提供的主要财务报告——资产负债表来表述。资产负债表是根据资产、负债和所有者权益之间的相互关系，即"资产 = 负债 + 所有者权益"的恒等关系，按照一定的分类标准和一定的次序，把企业某一特定日期的资产、负债、所有者权益三大会计要素所属项目予以适当排列，并对日常会计工作中形成的会计数据进行加工、整理后编制而成的，其主要目的是为了反映企业在某一特定日期的财务状况。通过资产负债表，可以了解企业所掌握的经济资源及其分布情况；了解企业的资本结构；分析、评价、预测企业的短期偿债能力和长期偿债能力；正确评估企业的经营业绩。

在 ERP 沙盘模拟中，我们根据模拟企业所涉及的业务对资产负债表中的项目进行了适当的简化，形成表 2-3 所示的简易资产负债表。

### 表 2-3　资产负债表

单位：百万元

| 资产 | 年初数 | 负债和权益 | 年初数 |
|---|---|---|---|
| 现金 | 20 | 长期贷款 | 40 |
| 应收款 | 13 | 短期贷款 | |
| 在制品 | 8 | 应交所得税 | 1 |
| 产成品 | 6 | 负债合计 | 41 |
| 原材料 | 3 | | |
| 流动资产合计 | 50 | | |
| 厂房 | 40 | 股东资本 | 50 |
| 机器设备 | 15 | 利润留存 | 11 |
| 在建工程 | | 年度净利 | 3 |
| 固定资产合计 | 55 | 所有者权益合计 | 64 |
| 资产总计 | 105 | 负债和权益总计 | 105 |

各小组根据表 2-3 所反映的企业资源状况，到交易台领取对应的沙盘教具并摆放在沙盘盘面上，构建模拟企业。

# （二）模拟企业初始状态

## 1．营销与规划中心

模拟企业已拥有本地市场准入证，已取得 P1 生产资格证。营销总监到交易台取回本地市场准入证和 P1 生产资格证并放置在盘面上的对应位置。

营销与规划中心初始状态如图 2-15 所示。

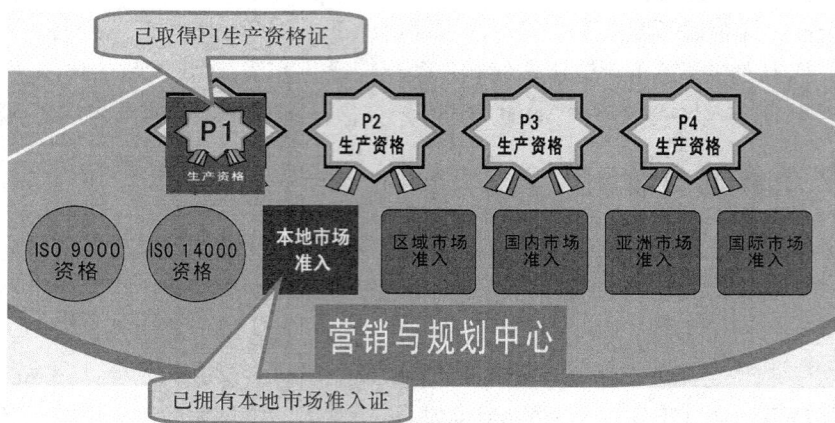

图 2-15　营销与规划中心初始状态

## 2．生产中心

（1）大厂房：40M

模拟企业拥有一座自主产权的大厂房，价值 40M。

生产总监将 40 个灰币用桶装好放置在大厂房价值区上。

（2）生产线：15M

模拟企业已购置了 3 条手工生产线和 1 条半自动生产线。扣除折旧后，每条手工生产线的净值为 3M，半自动生产线的净值为 6M。

生产总监取 4 个空桶，分别放入 3M、3M、3M 和 6M 的灰币，并置于生产线对应的"生产线净值"处。

（3）在制品：8M

在制品是指处于加工过程中，尚未完工入库的产品。

目前每条生产线上各有 1 个 P1 在制品，其中：3 条手工生产线上的 3 个 P1 在制品分别位于第一、二、三生产周期，半自动生产线上的 P1 在制品位于第一生产周期。

由生产总监制作 4 个 P1 在制品并摆放到生产线上的相应位置。约定每个 P1 由 1 个 R1 原料（红币）和 1M 现金（灰币）构成，价值 2M。

生产中心初始状态如图 2-16 所示。

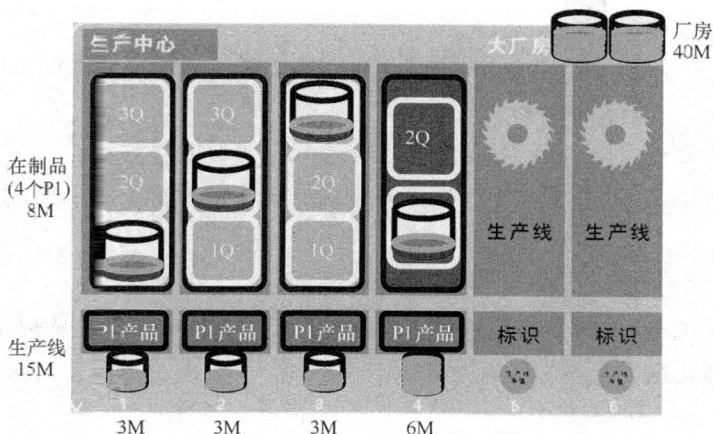

图 2-16　生产中心初始状态

### 3. 物流中心

（1）产成品：6M。

P1 产品库中有 3 个产成品，由生产总监制作 3 个 P1 产成品并摆放到"P1 产品库"中。

（2）原料：3M。

R1 原料库中有 3 个 R1 原料，由采购总监取 3 个空桶，每个空桶中分别放置 1 个 R1 原料（红币），并摆放到"R1 原材料库"中。

（3）订单：2 个。

模拟企业上季度已下了 2 个 R1 原料订单（签订的采购合同），用放在相应位置的空桶表示。采购总监将 2 个空桶放在"R1 订单"处。

物流中心初始状态如图 2-17 所示。

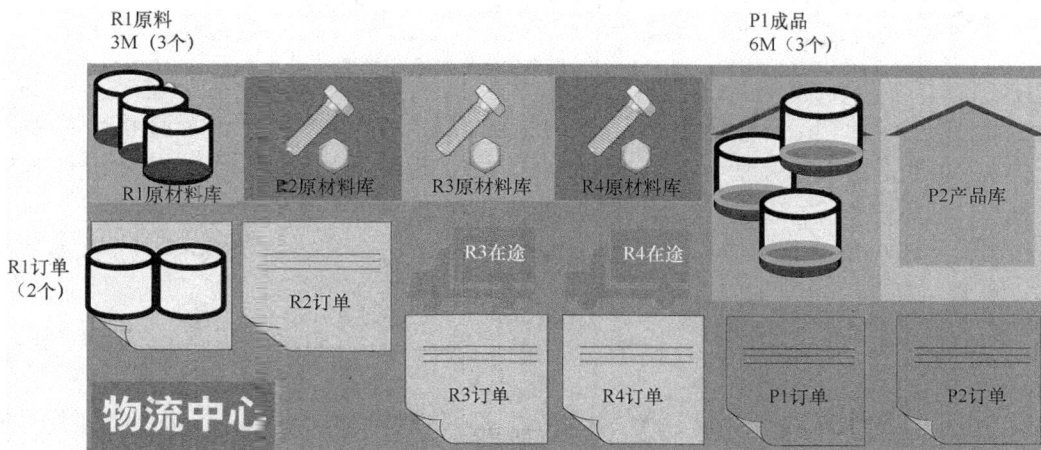

图 2-17　物流中心初始状态

### 4. 财务中心

（1）现金：20M。

财务总监取 20 个灰千用桶装好，放在现金库位置。

（2）应收款：13M。

企业有 3 账期的应收款 13M，财务总监取 13 个灰币，放在"应收款三期"位置上。

（3）长期贷款：40M。

模拟企业共有长期贷款 40M，其中 4 年期的 20M，5 年期的 20M。

财务总监将 2 个空桶（约定每个空桶代表 20M 贷款）分别倒置于长期贷款区的第 4 年和第 5 年位置上。

（4）应交所得税：1M。

企业上一年税前利润 4M，按税法规定需缴纳 1M 的所得税。应交所得税期初余额只在会计报表中反映，沙盘盘面上不做对应操作。

（5）所有者权益：64M。

其中：股东资本 50M，利润留存 11M，年度净利 3M。所有者权益有关项目只在会计报表中反映，沙盘盘面上不做对应操作。

财务中心初始状态如图 2-18 所示。

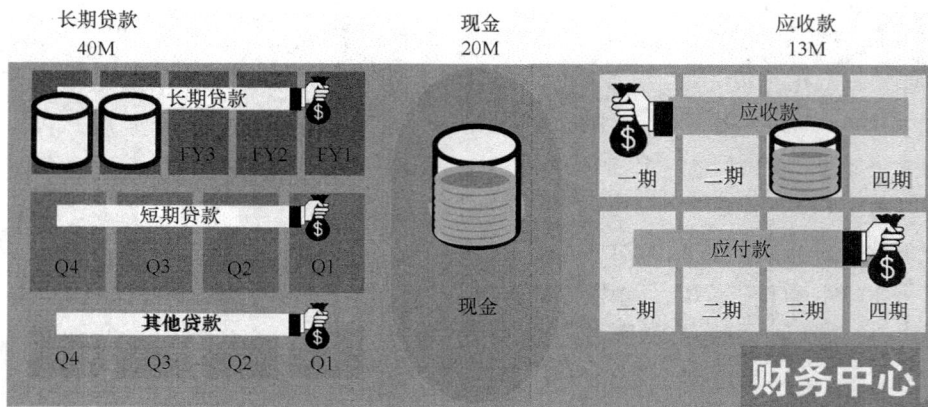

图 2-18　财务中心初始状态

至此，模拟企业初始状态设置完成，初始财务报表中那些枯燥的数字鲜活地展示到沙盘盘面上，复杂的企业结构和管理流程也以最直观的方式呈现在学生面前，为下一步的企业运营做好了铺垫。通过初始状态设定，我们可以深刻感悟财务数据与企业业务的直接相关性，理解财务数据是对企业运营情况的一种总结提炼，为今后"透过财务看经营"做好观念上的准备。

## 思考题

1. 你们团队是如何分工的？每个角色的工作职责是什么？
2. ERP 沙盘模拟中有哪些标识牌？应如何取得和摆放？
3. 详细了解模拟企业的初始状态，并布置沙盘盘面。

# CHAPTER3

# 第三章
# 模拟运营规则

## 一、模拟运营规则简介

现实生活中，企业经营、企业之间的竞争必须遵循一定规则的约束，这里的"规则"就是分门别类、名目繁多的各项法律、法规。例如，仅财务中的税收一项，其内容之多就可以编写一本《税务会计》。在 ERP 沙盘模拟中，不可能面面俱到，只能采用相对简化的方式，抓大放小，以简驭繁。规则是比较枯燥的，但却必须学习，只有充分理解规则才能胸有成竹、游刃有余。

## （一）筹资

资金是企业的血液，是企业生产经营活动的支撑，处于发展中的企业更需要大量资金，能否提供充足的资金，从根本上决定了企业的发展空间和发展速度。筹资就是通过一定渠道、采取适当方式筹措资金的财务活动。ERP 沙盘模拟中，筹资类型有长期贷款、短期贷款和贴现，其规则如表 3-1 所示。

表 3-1　筹资规则

| 筹资类型 | 筹资时间 | 筹资额度 | 财务费用 | 还款方式 |
|---|---|---|---|---|
| 长期贷款 | 每年年初 | 所有长贷与短贷之和不能超过上年年末所有者权益的 3 倍( 以 20M 为基本贷款单位 ) | 10% | 年初付息，到期还本 |
| 短期贷款 | 每季度初 | | 5% | 到期一次还本付息 |
| 贴现 | 任何时间 | 视应收款额 | 1：9 | 变现时扣贴息 |

# （二）厂房

ERP 沙盘模拟中，每家企业最多可以使用大小两个厂房，其规则如表 3-2 所示。

表 3-2　厂房规则

| 厂房 | 买价 | 租金 | 售价 | 容量 |
|---|---|---|---|---|
| 大厂房 | 40M | 5M/年 | 40M | 6 条 |
| 小厂房 | 30M | 3M/年 | 30M | 4 条 |

说明：

① 厂房不计提折旧。

② 厂房可以按买价出售，得到 4 个账期的应收款。

③ 厂房可以随时贴现，在扣除租金和贴现息后直接得到现金。

# （三）生产线

模拟企业可以选择的生产线有 4 种：手工生产线、半自动生产线、全自动生产线和柔性生产线。其规则如表 3-3 所示。

表 3-3　生产线规则

| 生产线 | 买价 | 安装周期 | 生产周期 | 转产费 | 转产周期 | 维修费 | 出售价格 |
|---|---|---|---|---|---|---|---|
| 手工线 | 5M | 无 | 3Q | 0M | 无 | 1M/年 | 1M |
| 半自动 | 10M | 2Q | 2Q | 1M | 1Q | 1M/年 | 2M |
| 自动线 | 15M | 3Q | 1Q | 2M | 1Q | 1M/年 | 3M |
| 柔性线 | 20M | 4Q | 1Q | 0M | 无 | 1M/年 | 4M |

说明：

① 生产线在全部投资完成后的下一个季度才算建成。

② 生产线按其残值出售，净值与残值之差计入损失。

③ 只有空生产线方可转产。

④ 当年建成的生产线就需要支付维修费。

⑤ 生产线不允许在不同厂房间移动。

# （四）折旧

ERP 沙盘模拟中，厂房不计提折旧，生产线采用年限平均法计提折旧，计算公式如下。

$$年折旧额 ＝（原值 － 残值）÷ 折旧年限$$

其规则如表 3-4 所示。

表 3-4　折旧规则

| 生产线 | 原值 | 残值 | 折旧年限 | 折旧费 |
|---|---|---|---|---|
| 手工线 | 5M | 1M | 4 年 | 1M/年 |
| 半自动 | 10M | 2M | 4 年 | 2M/年 |
| 自动线 | 15M | 3M | 4 年 | 3M/年 |
| 柔性线 | 20M | 4M | 4 年 | 4M/年 |

说明：

① 生产线建成当年不计提折旧，从下一年开始计提折旧。

② 当净值等于残值时生产线不再计提折旧，但可以继续使用。

# （五）产品

模拟企业已经取得了 P1 产品的生产资格，可供选择开发的还有 P2 产品、P3 产品和 P4 产品，其规则如表 3-5 所示。

表 3-5　产品规则

| 名称 | 开发费用 | 开发周期 | 加工费 | 直接成本 | 产品组成 |
|---|---|---|---|---|---|
| P1 | 无 | 无 | 1M/个 | 2M/个 | R1 |
| P2 | 1M/季 | 4 季 | 1M/个 | 3M/个 | R2+R3 |
| P3 | 1M/季 | 6 季 | 1M/个 | 4M/个 | R1+R3+R4 |
| P4 | 2M/季 | 6 季 | 1M/个 | 5M/个 | R2+R3+2R4 |

说明：

① 只有空的生产线才能上线生产。

② 每条生产线同时只能有一个产品在线。

# （六）原料

ERP 沙盘模拟中，原料分为 R1、R2、R3 和 R4 4 种。R1 和 R2 的采购分为两个环节，即下原料订单和验收入库；R3 和 R4 的采购分为 3 个环节，即下原料订单、运输在途和验收入库。其规则如表 3-6 所示。

表 3-6　原料规则

| 名称 | 买价 | 提前期 |
|---|---|---|
| R1 | 1M/个 | 1 季 |
| R2 | 1M/个 | 1 季 |
| R3 | 1M/个 | 2 季 |
| R4 | 1M/个 | 2 季 |

说明:

① 用空桶表示下原料订单,一旦下订单后就不能取消。

② 下原料订单时不用支付现金,但要注意采购提前期。

③ 没有下订单的原料不能采购入库。

④ 原料入库时必须支付现金,不能拖延。

## (七)市场开拓

企业的利润来自销售收入,销售实现是企业生存和发展的关键。企业既要稳定现有市场,还要积极开拓新市场,争取更大的市场空间,才能力求在销售量上实现增长。模拟企业已经拥有了本地市场准入证,可供选择开拓的还有区域市场、国内市场、亚洲市场和国际市场,其规则如表 3-7 所示。

表 3-7　市场开拓规则

| 市场 | 开发费 | 开发时间 |
|---|---|---|
| 区域 | 1M/年 | 1 年 |
| 国内 | 1M/年 | 2 年 |
| 亚洲 | 1M/年 | 3 年 |
| 国际 | 1M/年 | 4 年 |

说明:

① 各个市场的开发可以同时进行。

② 不允许加速投资,但资金短缺时可以中断或停止。

③ 市场开发完成后,获得相应的市场准入证。

## (八)ISO 认证

ERP 沙盘模拟中,ISO 认证包括 ISO 9000 认证和 ISO 14000 认证,其规则如表 3-8 所示。

表 3-8　ISO 认证规则

| 认证 | ISO 9000 | ISO 14000 |
|---|---|---|
| 时间 | 2 年 | 2 年 |
| 费用 | 1M/年 | 2M/年 |

说明:

① 两项认证可以同时进行。

② 不允许加速投资，但资金短缺时可以中断或停止。

③ 认证完成后，获得相应的 ISO 资格证。

## （九）其他规则

行政管理费及特殊任务的规则如表 3-9 所示。

表 3-9　其他规则

| 项目 | 说明 |
|---|---|
| 行政管理费 | 每季支付 1M 行政管理费 |
| 紧急采购 | 付款即到货，原料价格为标准价格的 2 倍，成品价格为直接成本的 3 倍，多付出的部分（实际买价 − 原料或产品价值）计入"损失" |
| 选单顺序 | ①市场领导者②本市场本产品广告额③本市场广告总额④本市场上年销售排名⑤先投广告者先选 |
| 订单违约 | 按订单交货可以提前，但不可以推后，违约收回订单并按该订单金额的 20%扣违约金，计入"损失" |
| 破产标准 | 现金断流或所有者权益为负 |
| 其他费用 | 生产线变卖、紧急采购、订单违约计入"损失" |
| 取整规则 | 违约金扣除——向下取整，库存拍卖所得现金——向下取整，<br>贴现息——向上取整，扣税——向下取整 |

# 二、筹资活动规则

## （一）长期贷款

当企业需要资金时，可以向银行申请长期贷款，长期贷款的使用期限最长为 5 年。长期贷款的额度取决于本企业上一年年末所有者权益的多少。ERP 沙盘模拟中约定：所有长贷和短贷之和不能超过上年年末所有者权益的 3 倍，并以 20M 为基本贷款单位。例如，某企业第一年年末所有者权益为 49M，49×3=147M，按 20 的倍数向下取整，则该企业第二年的贷款额度为 140M，即新申请的贷款加上已有的贷款不能超过 140M；若目前该企业的贷款余额为 60M，则最多还可以再申请贷款 80M。企业每年只有在年初有一次申请长期贷款的机会。长期贷款年利率为 10%，每年年初支付利息，到期还本并支付最后一年的利息。

在沙盘盘面上，长期贷款区域按年度分为 5 个方格，每个方格代表一年，离现金库最近的为 1 年，最长为 5 年。当企业向银行申请长期贷款时，财务总监取整桶的灰币（1 桶为 20M）放入现金库，并将盛放灰币的空桶倒置于长贷区相应的位置上。从取得贷款的下一年，每年年初将空桶朝现金库方向移动一格，表示归还本金的期限缩短了一年，同时从现金库中取出与利息等值的灰币，放在费用区的"利息"位置上。当空桶移进现金库时，表示该批贷款到期，必须装满现金归还银行（交易台）。

# （二）短期贷款

企业也可以向银行申请短期贷款，短期贷款的使用期限为 4 个季度。企业每季度有一次申请短期贷款的机会。短期贷款年利率为 5%，到期一次还本付息。

在沙盘盘面上，短期贷款区域按季度分为 4 个方格，每个方格代表一个季度，离现金库最近的为 1 季，最远为 4 季。模拟企业向银行申请短期贷款时，财务总监取整桶的灰币（1 桶为 20M）放入现金库，并将盛放灰币的空桶倒置于短贷区相应的位置上。从取得贷款的下一季，每个季度将空桶朝现金库方向移动一格，表示还款期限在缩短，当空桶移进现金库时，表示该批贷款到期，必须装满现金归还银行，同时从现金库中取出与利息等值的灰币，放在费用区的"利息"位置上。例如，企业有 20M 短期贷款到期，本金与利息共计 21M，财务总监从现金库中取出 21M 灰币，其中 20M 还给银行（交易台），1M 放在费用区的"利息"位置上。

# （三）紧急融资

## 1．应收款贴现

应收款贴现就是将尚未到期的应收款提前兑换为现金，贴现需要支付贴现息。约定贴现率为 1：9，即每 10M 应收款贴现，从中取出 1M 作为贴现息，放在费用区的"贴息"位置上，其余 9M 放入现金库。贴现息向上取整，贴现额不足 10M 也要承担 1M 贴现息。例如，13M 应收款贴现，计算贴现息 13M×10%=1.3M，向上取整为 2M，所以贴现息就是 2M，扣除贴现息后实际得到现金 11M。根据这一规则，应以 10M 为倍数进行贴现比较有利。

## 2．厂房贴现

在紧急情况下，厂房可以贴现，在扣除贴现息和厂房租金后直接得到现金。例如将大厂房贴现，贴现息为 4M，大厂房每年租金为 5M，实得现金为 31M，财务总监将大厂房的价值分别转入"现金库""贴息"及"租金"处，沙盘操作如图 3-1 所示。

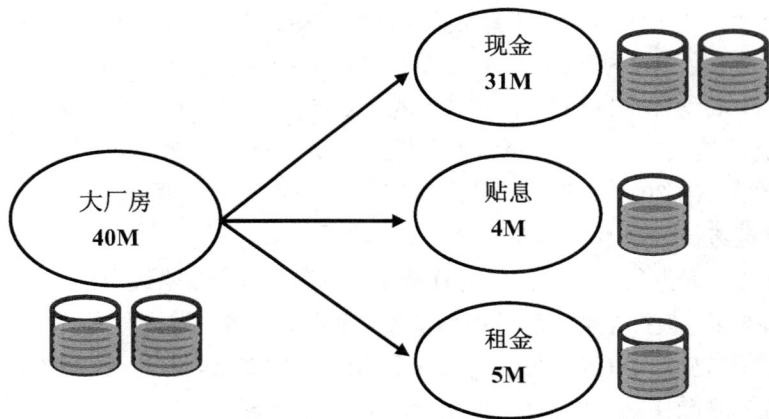

图 3-1　大厂房贴现操作示意

### 3．出售库存

（1）库存原料按其成本的 8 折出售，取得现金（向下取整），折价部分计入有关报表的"损失"项。例如，出售 6M 原料，6M×0.8=4.8M，向下取整后只能换取 4M 现金，另外 2M 放在费用区的"其他"位置上。显然，出售库存原料会产生损失，通常情况下不宜采用。

（2）库存产成品可以按其直接成本出售，取得现金。例如，出售 1 个 P2 产品，可以取得 3M 现金。以出售库存产品方式取得现金虽然无利可图，但也无损失，当产品大量库存并且现金紧张时，也可以作为一种紧急融资手段。

### 4．特别贷款

在 ERP 沙盘模拟教学中，若出现模拟企业破产情况，为保证教学秩序和顺利完成教学任务，授课教师可以灵活掌握，如提供给破产企业适当额度的特别贷款。特别贷款使用期限为 4 个季度，年利率为 20%，在沙盘盘面上的"其他贷款"区列示。同时，还要对破产企业每年投放的广告总额等经营事项做出限制，并在课程考核中给予一定的扣分处理。

## 三、投资活动规则

企业筹资的目的是进行投资，投资是企业对所持有资金的一种运用，是企业创造财富的必要前提。企业经营的目的是盈利，利润主要来自于销售收入，而扩大销售收入就必须考虑三个因素——开拓新市场、研发新产品和提高产能，这三个方面都是要花钱的，即投资。

## （一）厂房投资

### 1．厂房的类型——一大一小

每个企业最多可以但用一大一小两个厂房，大厂房可以容纳 6 条生产线，小厂房可以容纳 4 条生产线。

### 2．厂房的取得——可买可租

厂房可以通过购买和租赁两种方式取得。若选择购买，大厂房买价 40M，小厂房买价 30M；购买厂房时，财务总监从现金库中取出与厂房价值相等的灰币放在该厂房的价值区上。若选择租赁，大厂房租金 5M/年，小厂房租金 3M/年；租入厂房时，财务总监从现金库中取出与厂房租金相等的灰币放在费用区的"租金"位置上，在支付租金后取得厂房一年的使用权，下一年的对应季度可以续租、租转买或退租。

### 3．厂房出售

企业已购买的厂房可以按照其买价出售，得到 4 个账期的应收款。如果厂房中有生产线，还需要支付厂房租金，即"买转租"。例如，将模拟企业现有的大厂房出售，厂房价值 40M 放在"应收款四期"位置上。同时从现金库中取出 5M 灰币放在费用区的"租金"位置上。

厂房贴现与厂房出售是初学者较难把握的操作，它们的区别如下。

（1）厂房贴现可以随时进行，而厂房出售只能在经营流程的"厂房处理"节点操作。

（2）厂房贴现只能一次全额贴现，不允许部分贴现；而厂房出售得到的应收款可以视情况分次贴现，也可以不贴现。

## （二）生产线投资

### 1. 生产线类型

在 ERP 沙盘模拟中，生产线的类型包括：手工生产线、半自动生产线、全自动生产线和柔性生产线。每种生产线都可以生产已取得生产资格的各种产品。不同类型生产线的主要区别在于生产效率和灵活性，生产效率是指单位时间生产产品的数量（产能），灵活性是指转产新产品时设备调整的难易程度，如图 3-2 所示。

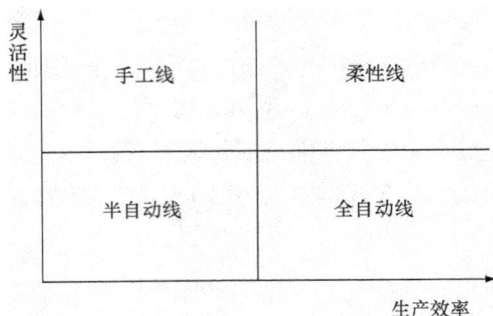

图 3-2　各类生产线的生产效率和灵活性比较

### 2. 生产线新建与在建

生产线建设的总投资额在安装周期内平均支付，全部投资到位后的下一个季度季初（除了手工生产线）方可开工生产。

下面以全自动生产线建设为例说明。

总投资额：15M；安装周期：3Q；每季支付：5M

① 开始建设的第一个季度：到交易台领取全自动生产线标识和拟生产的产品标识，背面向上放到厂房的某个空机位（以后不得移动）。生产线标识上面放 3 个空桶，从现金库取出 5M 灰币放入第一个空桶中（一期投资）。

② 第二个季度继续在建：从现金库取出 5M 灰币放入第二个空桶中（二期投资）。

③ 第三个季度继续在建：从现金库取出 5M 灰币放入第三个空桶中（三期投资）。

④ 第四个季度季初建设完工：把 3 个桶中的灰币（15M）集中到一个桶中，放在该生产线对应的"生产线净值"圆圈内。同时翻开标识牌，表示可以投产。

全自动生产线安装进程如表 3-10 所示。

表 3-10　全自动生产线安装进程

| 时间（Q） | 进程 | 沙盘操作 |
| --- | --- | --- |
| 1 | 新建 | 领取标识牌，投资 5M，累计投资 5M |
| 2 | 在建 | 投资 5M，累计投资 10M |
| 3 | 在建 | 投资 5M，累计投资 15M |
| 4 | 建成 | 翻开标识牌，可以开工生产 |

说明：在新生产线建设过程中，如遇资金不足等原因，可以中断投资，待原因消除后，可以继续安装，原投资仍然有效，但整个安装期相应顺延。需要强调的是，一条生产线最后一期投资到位后，下一季度的季初才算建成。

### 3．生产线转产与变卖

（1）转产

转产是指生产线从生产某种产品转变为生产另一种产品。只有已经建成并且空闲的生产线才允许转产。半自动和全自动生产线转产时需要停工一个季度，并支付转产费，下个季度方可开工生产另一种产品。

下面以半自动生产线由 P1 转产 P2 为例。

① 开始转产的季度　将 P1 产品标识送到交易台，并将半自动生产线标识翻过来，背面向上放在原位置，停工一个季度，同时从现金库中取出 1M 灰币，放在费用区的"转产费"位置上。

② 下一季度的季初转产完成：到交易台领取 P2 产品标识，同时翻开生产线标识准备开工生产。

半自动生产线由 P1 转产 P2 进程如表 3-11 所示。

表 3-11　半自动生产线由 P1 转产 P2 进程

| 时间（Q） | 进程 | 沙盘操作 |
| --- | --- | --- |
| 1 | 开始 | 交回 P1 产品标识，停止生产，并支付转产费 1M |
| 2 | 完成 | 领取 P2 产品标识，可以开工生产 |

注意：手工生产线和柔性生产线可以直接转产，不需要进行上述操作。

（2）变卖

淘汰旧生产线可以腾出厂房的空间，以便安装更适用的生产线，还可以收回残值现金，也节省了维修费用。

不论何时出售生产线，都是按其残值出售，净值大于残值的差额计入有关报表的"损失"项。当出售某条旧生产线时，首先把该生产线标识及其产品标识送还交易台，然后从该生产线净值桶中取出相当于残值的部分放入现金库，剩余部分放在费用区的"其他"位置上。

### 4．生产线维修与折旧

（1）维修

已经建成的生产线，不论是否开工生产，都必须交纳维修费，正在进行转产的生产线也必须交纳维修费。

当年在建的生产线和当年出售的生产线则不用交纳维修费。例如，某企业在第一年第二季度开始投资建设一条全自动生产线，尽管于第四季度完成全部投资，但还不算建成，所以第一年末就不需要交纳维修费。

每条生产线维修费关 1M/年，年末从现金库中取 1M 灰币放在费用区的"维修费"位置上。

（2）折旧

当年建成生产线当年不计提折旧，从下一年起计提折旧，也就是计提折旧开始年恰好比支付维修费迟一年。

每条生产线单独计提折旧，折旧方法采用年限平均法，年折旧额＝（原值－残值）÷4。例如，每条手工生产线的年折旧额＝（5M－1M）÷4M＝1M。

年末计提折旧时，从每条生产线的净值桶内取出与年折旧额等值的灰币，放在费用区的"折旧"位置上。

当净值等于残值时，生产线不再计提折旧，但可以继续使用。

## （三）三项开发投资

### 1．产品研发投资

进行某种新产品研发投资时，从现金库中取出规定金额的灰币放到"营销与规划中心"的对应"产品生产资格"位置。

全部投资完成后，用投入的灰币到交易台换取相应的产品生产资格证。

### 2．市场开拓投资

在 ERP 沙盘模拟中，各个市场是相互独立的，不存在包含关系。进行某个新市场开拓投资时，从现金库中取出规定金额的灰币放到"营销与规划中心"的对应"市场准入"位置。

全部投资完成后，用投入的灰币到交易台换取相应的市场准入证。此后就可以在该市场上进行广告投放，争取客户订单了。

### 3．ISO 认证投资

进行某类 ISO 认证投资时，从现金库中取出规定金额的灰币放到"营销与规划中心"的对应"ISO 资格"位置。

全部投资完成后，用投入的灰币到交易台换取相应的 ISO 资格证。

对于三项开发投资，需要注意。

（1）任何一种资格证的取得，都需要投入一定的时间和资金，两个条件缺一不可。

（2）开发投资额在规定开发周期内平均支付，不允许加速投资，但资金短缺时可以中断或停止。

（3）全部投资完成后，换取相应的资质标识牌。

（4）各项开发投资可以同时进行。

# 四、营运活动规则

## （一）营运计划

计划是指管理者事先对未来应采取的行动所做的谋划和安排。计划是管理的首要职能，是各项工作执行的依据。每年年初，CEO 都要带领管理团队，在企业战略的指导下，制定生产设备更新改造、产品研发、市场开拓等投资计划，还要制定生产规划、采购计划及现金预算等营运计划。

## 1．生产规划

生产规划是关于企业生产运作系统总体方面的计划，它对企业的生产任务做出统筹安排，规定着企业在计划期内生产什么，生产多少，何时生产等指标。生产规划是企业经营战略的具体化，对企业各项活动起到"调节器"的作用，是制造企业最基本的管理和控制手段，企业管理者必须有效地管理好生产规划。

ERP 系统生产规划的基本逻辑是：根据主生产计划（要生产什么）、物料清单（即产品结构文件，用什么生产）和库存记录（已经有什么），对每种物料进行计算（还需要什么），指出何时将会发生物料短缺，进而在恰当的时候（订货点）采购恰当的数量（订货量），如图 3-3 所示。

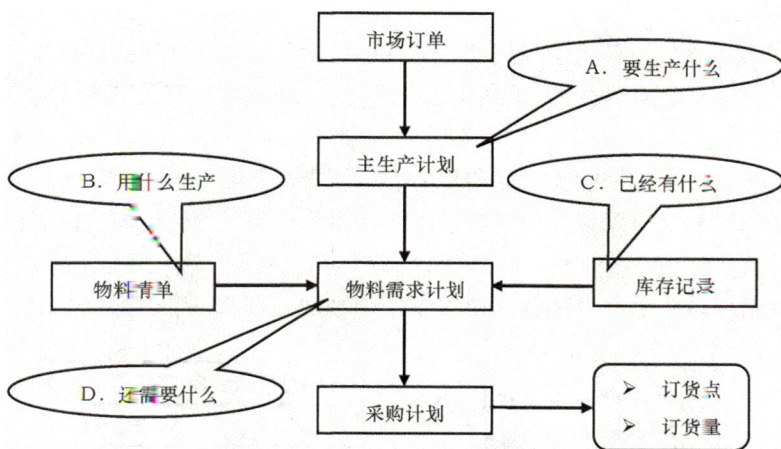

图 3-3　ERP 系统生产规划的基本逻辑

在图 3-3 中，A、B、C、D 构成了制造业的基本方程式：$A \times B - C = D$。

为了准确计算生产线的产能，必须要了解各种类型生产线生产周期不同，年初在制品状态不同，本年度完成的产品数量也不同，如表 3-12 所示。

表 3-12　生产线类型及产能表

| 生产线类型 | 年初在制品状态 | 产品完工下线 | | | | 年生产能力 |
|---|---|---|---|---|---|---|
| | | 1Q | 2Q | 3Q | 4Q | |
| 手工线 四种状态 | □ □ □ | | | | ● | 1 |
| | ■ □ □ | | | ● | | 1 |
| | □ ■ □ | | ● | | | 1 |
| | □ □ ■ | ● | | | ● | 2 |
| 半自动线 三种状态 | □ □ | | | ● | | 1 |
| | ■ □ | | ● | | ● | 2 |
| | □ ■ | ● | | ● | | 2 |
| 柔性 / 全自动线 两种状态 | □ | | ● | ● | ● | 3 |
| | ■ | ● | ● | ● | ● | 4 |

说明：□表示生产线上无在制品；■表示生产线上有在制品；●表示产品完工下线，同季开始下一批生产。

### 2．采购计划

采购计划主要解决 3 个问题，即采购什么？采购多少？何时采购？

（1）采购什么

从图 3-3 中不难看出，采购计划的制定与物料需求计划直接相关，并直接上溯到主生产计划。根据主生产计划，减去产品库存，并按照产品的物料清单，就可求得为满足生产所需还要采购哪些物料。

（2）采购多少

采购多少与库存数量和采购批量有直接联系。

（3）何时采购

要结合生产线状态和原料采购提前期，进行排程计算，准确地下原料订单，达到"既不出现库存积压（过早），又不出现物料短缺（过晚）"的管理境界，实现"零库存'目标。

### 3．现金预算

在企业经营中，成本费用的支付需要现金、各项投资需要现金、到期还债也需要现金，如果没有一个准确详尽的现金预算，管理者很快就会焦头烂额、顾此失彼。ERP 沙盘模拟中的现金流如图 3-4 所示。企业可以出现亏损，但现金流不可以断裂。在 ERP 沙盘模拟中，一旦现金断流，模拟企业就将宣告破产。因此，每年年初编制现金预算是非常必要的。

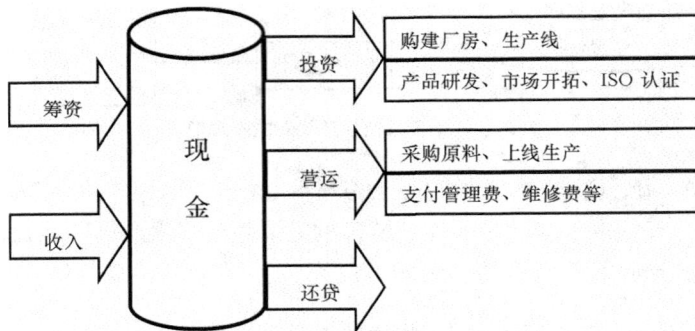

图 3-4　ERP 沙盘模拟中的现金流

现金预算就是运用一定的方法合理估测企业未来一定时期内的现金收支状况，并对预期差异采取相应对策的活动。现金预算的作用在于：可以揭示现金过剩或现金短缺的时期，以避免不必要的资金闲置或短缺；可以在实际收支实现以前了解企业经营计划的财务结果；可以预测未来时期企业对到期债务的直接偿付能力等。通过编制现金预算可以较为有效地预计未来现金流量，是现金收支动态管理的一种有效方法。

现金预算的编制方法主要有收支预算法和调整净收益法，读者可以参考相关专业课教材，在此不再赘述。

## （二）存货管理

### 1．原料入库

订货运抵企业时，企业必须无条件接受货物并支付料款。

采购总监将原料订单区中的空桶向原料库方向推进一格，到达原料库时，向财务总监申请现金，支付给供应商（交易台），换取相应的原料。

### 2．产品生产

（1）生产条件

产品生产必须具备 4 个要素——生产资格、生产线、原料、加工费。

生产线可以生产已取得生产资格的各种产品，但同时只能有一个产品在线，产品上线生产时必须有原料，并且支付加工费（工人工资）。

（2）上线生产

按照拟生产产品的物料清单从原料库中取出相应原料，从现金库中取出产品加工费，做成相应的产品并摆放在空闲生产线的第一期格内。例如，上线生产 P2 产品时，生产总监向采购总监申请 1 个 R2 原料和 1 个 R3 原料，同时向财务总监申请 1 个灰币，做成 1 个 P2 在制品，放在空闲的生产线的第一期格内。特别注意，执行上线生产任务，需要生产、采购和财务三个角色协同作业，否则很容易出错。

生产不同的产品需要的原料不同，但需要支付的加工费是相同的，均为 1M 现金。

（3）更新生产与完工入库

生产总监将各生产线上的在制品推进一格。产品下线表示产品完工，将产品放入对应的产品仓库。

（4）产品成本

在 ERP 沙盘模拟中，规定产品上线生产时一次性投入原料并支付加工费，所以在制品与产成品的成本是相同的。

### 3．交货与收现

（1）交货

在 ERP 沙盘模拟中，必须按照订单中规定的数量一次性整单交货，一张订单不允许分批交货。

营销总监检查各产品库中产成品的数量是否满足客户订单要求，若满足要求则按照订单约定数量交付给客户（交易台），同时确认收入实现，从交易台取回与该批货款等值的灰币。

（2）收现

若为现金（0 账期）销售，直接将货款（灰币）置于现金库中；若为赊销，则将货款（灰币）放在应收款区的相应账期位置上。从下一季度开始，每个季度将应收款朝现金库方向推进一格，当应收款推进现金库时，自然就表示收回现金了。

### 4．紧急采购

（1）紧急采购原料

在模拟运营中，如果采购总监没有下原料订单，就不能向供应商购买原料，可能会出现停工待料情况。为了不影响产品上线生产，可以紧急采购原料，也就是在没有预订的情况下付款即到货，买价为其价值的两倍，多付出的部分计入有关报表的"损失"项。例如，紧急采购 1 个 R1 原料，R1 原料的价值是 1M，紧急采购价格就是 2M。财务总监从现金库中取出 2M 灰币，其中：1M 灰币换取 1 个 R1 原料，1M 灰币放在费用区的"其他"位置上。

（2）紧急采购产品

在模拟运营中，如果由于产能不足、原料不足或现金不足等原因造成不能按订单要求交货，不仅无法实现销售收入，还要支付违约罚款。为避免违约，可以紧急采购产品，付款即到货，买价为其直接成本的 3 倍，多付出的部分计入有关报表的"损失"项。例如，紧急采购 1 个 P2 产品，P2 产品的直接成本是 3M，紧急采购价格就是 9M。财务总监从现金库中取出 9M 灰币，其中：3M 灰币换取 1 个 P2 产品，6M 灰币放在费用区的"其他"位置上。

# （三）综合管理费用与税金

## 1．综合管理费用

综合管理费用包括：维修费、转产费、厂房租金、行政管理费、广告费、损失、新市场开拓投资、产品研发投资、ISO 资格认证投资等，如图 3-5 所示。当模拟企业支付相关费用或投资款时，将规定金额的筹码摆放在盘面对应位置上。期末，通过盘点这些位置上的筹码数量就可以编制"综合管理费用明细表"。其中，"其他"位置上的筹码数计入"损失"项。

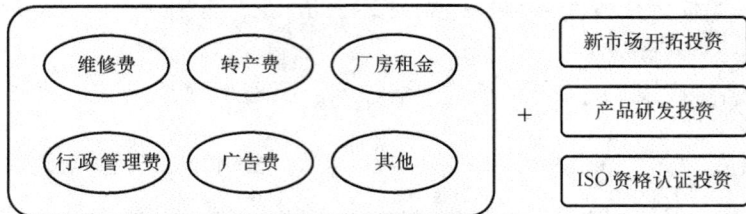

图 3-5　综合管理费用构成要素

## 2．所得税

企业所得税的规则是：企业实现的税前利润可以先弥补以前年度的亏损，以弥补完亏损后的余额作为计税基数，所得税税率为 25%，若计算出的结果是非整数，则向下取整，即只保留整数。

在 ERP 沙盘模拟中，企业一般要连续从事 4～6 个会计年度的生产经营活动。在模拟经营的前期，企业在产品研发、市场开拓和 ISO 认证等方面投资较多，而此时受市场、产能等因素制约销售收入较少，所以必然是"亏损"的，不存在所得税问题。当后期经营取得盈利，尤其是首次出现应该交税的情况时，究竟应该交多少，初学者往往会产生困惑，导致报表错误、现金流混乱。一般而言，在尚未纳税的情况下，当年末所有者权益大于初始所有者权益时，超出部分才需要缴纳所得税。

假设模拟企业起始年年末所有者权益是 66M，所得税计算分为以下两种情况。

（1）当上年年末所有者权益 < 66 时，所得税计算公式为：

$$税金 =（上年年末所有者权益 + 本年税前利润 - 66）× 25\%$$

例如，某企业上年年末所有者权益为 57，本年税前利润为 16，则

税金 =（57 + 16 - 66）× 25% = 1.75，向下取整，应交所得税为 1M。

（2）当上年年末所有者权益 ≥ 66 时，所得税计算公式为：

$$税金 = 本年税前利润 × 25\%$$

例如，某企业上年年末所有者权益为 67，本年税前利润为 21，则

税金 = 21 × 25% = 5.25。向下取整，应交所得税为 5M。

注意：每年计算出的所得税计入当年资产负债表的"应交所得税"项目，在下一年的年初缴纳，所以，财务总监一定要事先考虑缴税的支出，做好现金预算，防止现金不足。

## 思考题

1. ERP 沙盘模拟中有哪些筹资方式？每种筹资方式的优缺点是什么？
2. 如何分析和评价企业的融资效益？
3. 以全自动生产线为例，说明生产线建设的步骤。
4. 各种生产线的生产能力如何计算？
5. 如何确定当期原材料的订购数量？
6. 什么是市场准入资格？如何取得某个市场的准入资格？
7. 如何取得 ISO 认证资质？
8. 在 ERP 沙盘模拟中，应收款贴现应如何操作？
9. 厂房贴现与应收款贴现有什么不同？

# CHAPTER4

# 第四章
# 起始年运营

## 一、起始年简介

### （一）起始年的作用

新管理层接手企业，需要有一个适应阶段，原管理层总要"扶上马，送一程"，因此，ERP 沙盘模拟课程设计了起始年运营。

起始年也称第 0 年，由授课老师（相当于原管理层）带领学生们（新管理层）共同完成交接年的沙盘操作过程。起始年运营的目的是：顺利度过团队磨合期，进一步熟悉 ERP 沙盘模拟的规则，明晰企业经营流程以及沙盘教具的操作方法。

### （二）企业经营流程记录

企业经营流程记录代表了企业简化的工作流程，也是企业模拟运营中各项工作需要遵守的执行顺序。企业经营流程记录分为年初 7 项工作、按季执行的 16 项工作、年末 4 项工作及期末结算工作。

团队成员的角色意识和责任意识是模拟企业有条不紊运行的前提。执行企业经营流程时，由 CEO 主持全局，控制进度；财务总监要特别关注现金库，采购总监要特别关注原料库，生产总监要特别关注产品库。团队成员明确分工，各司其职，严格按照经营流程表中的任务顺序协同操作，体现管理的流程化。在填写经营记录时，若某项操作引起了资金运动，则在相应方格内记录其金额（或数量）；若某项操作发生了但没有资金运动，则在相应方格内打"√"；若某项操作没有发生，则在相应方格内打"×"。整个团队每执行完一项工作，CEO在相应方格内打"√"作为完成标志。

# 二、年初工作

## 1. 新年度规划会议

假定起始年年初支付 1M 广告费，该年度不申请任何贷款，不进行任何投资，只是维持原有的生产规模，每季度下一个 R1 原料订单。会议结束，CEO 在经营流程表的相应方格内打"√"。

新年度规划会议在经营流程表中仅仅是一个方格，初学者常常忽视这个环节，而一支真正成熟的高水平团队，一般会用掉规定时间的 3/4 以上进行年度规划。

## 2. 投放广告

营销总监在"广告费登记表"的本地市场 P1 产品方格中填写"1"，表示准备投放 1M 的广告费，如表 4-1 所示。

|  |  | 第 0 年 |
|---|---|---|
| 本地市场 | P1 | 1 |
|  | P2 |  |
|  | P3 |  |
|  | P4 |  |

财务总监根据"广告费登记表"中填写的数据，从现金库中取出 1 个灰币放在费用区的"广告费"位置上，同时记录现金"-1"。

## 3. 参加订货会选单/登记订单

由营销总监参加订货会，到交易台领取产品订单，如图 4-1 所示，将订单放在产品订单区的"P1 订单"位置上，并根据订单信息填写"订单登记表"，如表 4-2 所示。在经营流程表的相应方格内打"√"。

```
第 0 年        本地市场      LP1-1/6
    产品数量：   6 P1
    产品单价：  5.3 M/个
    总 金 额：  32 M
    应收账期：   2 Q
```

图 4-1　产品订单

说明：账期 2Q 表示应收款两个季度后才能收现；若应收账期为 0Q，则表示现金销售，交货即收现。

**表 4-2　订单登记表**

| 年度 | 订单号 | 市场 | 产品 | 数量 | 交货期 | 账期 | 销售额 | 成本 | 毛利 | 备注 |
|---|---|---|---|---|---|---|---|---|---|---|
| 第 0 年 | ××× | 本地 | P1 | 6 | 4Q | 2Q | | | | |
| | | | | | | | | | | |

说明：表中"销售额""成本""毛利"三项内容在交货时填写。

### 4．支付上年所得税

根据会计报表的记录，上年度应交所得税为"1M"，财务总监从现金库中取出 1 个灰币，放在费用区的"税金"位置上，同时记录现金"-1"。（特别提示：当年交的是上一年度产生的所得税。）

### 5．支付长期贷款利息

长期贷款的还款方式是每年付息，到期还本。根据会计报表的记录，长期贷款余额为 40M，年利率为 10%，则年利息额为 4M。财务总监从现金库中取出 4 个灰币，放在费用区的"利息"位置上，同时记录现金"-4"。

### 6．更新长期贷款／长期贷款还本

财务总监将表示长期贷款的空桶朝现金库方向移动一格，代表一年，若到达现金库则需要归还本金。财务总监将四年期的长期贷款移入三年期格内，将五年期的长期贷款移入四年期格内，在经营流程表的相应方格内打"√"。

### 7．申请长期贷款

不申请长期贷款，在经营流程表的相应方格内打"×"（特别提示：长期贷款只有在这一时点上可以申请）。

# 三、日常工作

## （一）第一季度经营

### 1．季初盘点

年初库存现金 20M，支付广告费、所得税和长贷利息共计 6M，余额 14M，所以财务总监记录季初现金"14"，采购总监记录季初 R1"3"，生产总监记录季初 P1"3"。

### 2．更新短期贷款／短期贷款还本付息

没有短期贷款，在经营流程表的相应方格内打"×"。

### 3．申请短期贷款

不申请短期贷款，在经营流程表的相应方格内打"×"。

### 4．原料入库／更新原料订单

采购总监将原料订单区的空桶朝原料库方向推进一格，到达原料库时，向财务总监申请 2 个灰币，到交易台换取 2 个 R1 原料放入原材料库。财务总监记录现金"-2"，采购总监记录 R1"+2"。（特别提示：订货运抵企业时，必须无条件接受货物并支付现金，不允许拖延。）

**5．下原料订单**

采购总监取 1 个空桶，放在原料订单区的"R1 订单"位置，表示下了 1 个 R1 原料订单，并记录 R1"（1）"。下原料订单也就是与供应商签订采购合同，由于原料还没有实际入库，故此数字用括号标出。

**6．购买／租用厂房**

在经营流程表的相应方格内打"×"。

**7．更新生产／完工入库**

生产总监将生产线上的在制品推进一格。产品下线表示产品完工，将产品放入对应的产品仓库。

有 1 个 P1 完工下线，放入"P1 产品库"，并记录 P1"+1"。

**8．新建／在建／转产／变卖生产线**

在经营流程表的相应方格内打"×"。

**9．开始下一批生产**

生产总监向采购总监申请 1 个 R1 原料，同时向财务总监申请 1 个灰币（加工费），做成 1 个 P1 在制品放在空出的生产线的第一期格内。财务总监记录现金"-1"，采购总监记录 R1"-1"。这项工作需要生产、采购和财务三个角色协同完成。（特别提示：上线生产四要素——生产资格、生产线、原料、加工费。）

**10．更新应收款／应收款收现**

财务总监将应收款朝现金库方向推进一格，13M 应收款从三期移入二期位置，在经营流程表的相应方格内打"√"。

**11．按订单交货**

盘点"P1 产品库"中产成品的数量，不够交货数量（必须整单交货），在经营流程表的相应方格内打"×"。

**12．产品研发投资**

在经营流程表的相应方格内打"×"。

**13．厂房处理**

在经营流程表的相应方格内打"×"。

**14．支付行政管理费**

财务总监从现金库中取出 1 个灰币，放在费用区的"管理费"位置上，并记录现金"-1"。

**15．支付厂房租金**

在经营流程表的相应方格内打"×"。

**16．紧急融资／紧急采购**

在经营流程表的相应方格内打"×"。

**17．季结**

（7 行）=（8 行）+（28 行）-（29 行）

现金=14M+0M-4M=10M

R1 原料=3+2-1=4（个）

P1 产成品=3+1-0=4（个）

# （二）第二季度经营

### 1．季初盘点

财务总监记录季初现金"10"，采购总监记录季初 R1"4"，生产总监记录季初 P1"4"。

### 2．更新短期贷款／短期贷款还本付息

没有短期贷款，在经营流程表的相应方格内打"×"。

### 3．申请短期贷款

不申请短期贷款，在经营流程表的相应方格内打"×"。

### 4．原料入库／更新原料订单

采购总监将原料订单区的空桶朝原料库方向推进一格，到达原料库时，向财务总监申请 1 个灰币，到交易台换取 1 个 R1 原料放入原材料库。财务总监记录现金"-1"。采购总监记录 R1"+1"。

### 5．下原料订单

采购总监取 1 个空桶，放在原料订单区的"R1 订单"位置，表示下了 1 个 R1 原料订单，并记录 R1"（1）"。

### 6．购买／租用厂房

在经营流程表的相应方格内打"×"。

### 7．更新生产／完工入库

生产总监将生产线上的在制品推进一格。

有 2 个 P1 完工下线，放入"P1 产品库"，并记录 P1"+2"。

### 8．新建／在建／转产／变卖生产线

在经营流程表的相应方格内打"×"。

### 9．开始下一批生产

生产总监向采购总监申请 2 个 R1 原料，同时向财务总监申请 2 个灰币（加工费），做成 2 个 P1 在制品分别放在空出的生产线的第一期格内。财务总监记录现金"-2"，采购总监记录 R1"-2"。

### 10．更新应收款／应收款收现

财务总监将应收款朝现金库方向推进一格，13M 应收款从二期移入一期位置，在经营流程表的相应方格内打"√"。

### 11．按订单交货

盘点"P1 产品库"中产成品的数量，目前共有 6 个 P1，营销总监将 6 个 P1 产成品连同订单送交易台。

财务总监从交易台取回 32 个灰币（应收款），放在"应收款二期"位置上。

生产总监记录 P1"-6"。

这项工作需要营销、财务和生产三个角色协同完成。

营销总监将销售实现信息填入"订单登记表"和"应收款明细表"，如表 4-3 和表 4-4 所示。

表 4-3　订单登记表

| 年度 | 订单号 | 市场 | 产品 | 数量 | 交货期 | 账期 | 销售额 | 成本 | 毛利 | 备注 |
|---|---|---|---|---|---|---|---|---|---|---|
| 第 0 年 | ××× | 本地 | P1 | 6 | 4Q | 2Q | 32 | 12 | 20 | |
| | | | | | | | | | | |

表 4-4　应收款明细表

| 订单信息 | | | | | | | 交货 | | 收现 | | 贴现 | | | | ✓ |
|---|---|---|---|---|---|---|---|---|---|---|---|---|---|---|---|
| 年 | 订单号 | 产品 | 数量 | 交货期 | 账期 | 金额 | 年 | 季 | 年 | 季 | 年 | 季 | 金额 | 贴息 | |
| 0 年 | ××× | P1 | 6 | 4Q | 2Q | 32 | 0 | 二 | | | | | | | |
| | | | | | | | | | | | | | | | |

### 12．产品研发投资

在经营流程表的相应方格内打"×"。

### 13．厂房处理

在经营流程表的相应方格内打"×"。

### 14．支付行政管理费

财务总监从现金车中取出 1 个灰币，放在费用区的"管理费"位置上，并记录现金"-1"。

### 15．支付厂房租金

在经营流程表的相应方格内打"×"。

### 16．紧急融资／紧急采购

在经营流程表的相应方格内打"×"。

### 17．季结

现金=10M+0M-4M=6M

R1 原料=4+1-2=3（个）

P1 产成品=4+2-6=0（个）

## （三）第三季度经营

### 1．季初盘点

财务总监记录现金"6"，采购总监记录 R1 "3"，生产总监记录 P1 "0"。

### 2．更新短期贷款／长期贷款还本付息

没有短期贷款，在经营流程表的相应方格内打"×"。

### 3．申请短期贷款

不申请短期贷款，在经营流程表的相应方格内打"×"。

### 4．原料入库／更新原料订单

采购总监将原料订单区的空桶朝原料库方向推进一格，到达原料库时，向财务总监申请 1 个灰币，到交易台换取 1 个 R1 原料放入原材料库。财务总监记录现金"-1"，采购总监记录 R1 "+1"。

### 5．下原料订单

采购总监取 1 个空桶，放在原料订单区的"R1 订单"位置，表示下了 1 个 R1 原料订单，并记录 R1 "（1）"。

### 6．购买／租用厂房

在经营流程表的相应方格内打"×"。

### 7．更新生产／完工入库

生产总监将生产线上的在制品推进一格。

有 1 个 P1 完工下线，放入"P1 产品库"，并记录 P1 "+1"。

### 8．新建／在建／转产／变卖生产线

在经营流程表的相应方格内打"×"。

### 9．开始下一批生产

生产总监向采购总监申请 1 个 R1 原料，同时向财务总监申请 1 个灰币（加工费），做成 1 个 P1 在制品放在空出的生产线的第一期格内。财务总监记录现金"-1"，采购总监记录 R1 "-1"。

### 10．更新应收款／应收款收现

财务总监将应收款朝现金库方向推进一格，13M 应收款从一期位置移入现金库中，32M 应收款从二期移入一期位置。财务总监记录现金"+13"。

### 11．按订单交货

在经营流程表的相应方格内打"×"。

### 12．产品研发投资

在经营流程表的相应方格内打"×"。

### 13．厂房处理

在经营流程表的相应方格内打"×"。

### 14．支付行政管理费

财务总监从现金库中取出 1 个灰币，放在"管理费"位置上，并记录现金"-1"。

### 15．支付厂房租金

在经营流程表的相应方格内打"×"。

### 16．紧急融资／紧急采购

在经营流程表的相应方格内打"×"。

### 17．季结

现金=6M+13M-3M=16M

R1 原料=3+1-1=3（个）

P1 产成品=0+1-0=1（个）

## （四）第四季度经营

### 1．季初盘点

财务总监记录现金"16"，采购总监记录 R1"3"，生产总监记录 P1"1"。

### 2．更新短期贷款／长期贷款还本付息

没有短期贷款，在经营流程表的相应方格内打"×"。

### 3．申请短期贷款

不申请短期贷款，在经营流程表的相应方格内打"×"。

### 4．原料入库／更新原料订单

采购总监将原料订单区的空桶朝原料库方向推进一格，到达原料库时，向财务总监申请 1 个灰币，到交易台换取一个 R1 原料放入原材料库。财务总监记录现金"-1"，采购总监记录 R1"+1"。

### 5．下原料订单

采购总监取 1 个空桶，放在原料订单区的"R1 订单"位置，表示下了 1 个 R1 原料订单，并记录 R1"（1）"。

### 6．购买／租用厂房

在经营流程表的相应方格内打"×"。

### 7．更新生产／完工入库

生产总监将生产线上的在制品推进一格。

有 2 个 P1 完工下线，放入"P1 产品库"，并记录 P1"+2"。

### 8．新建／在建／转产／变卖生产线

在经营流程表的相应方格内打"×"。

### 9．开始下一批生产

生产总监向采购总监申请 2 个 R1 原料，同时向财务总监申请 2 个灰币（加工费），做成 2 个 P1 在制品分别放在空出的生产线的第一期格内。财务总监记录现金"-2"，采购总监记录 R1"-2"。

### 10．更新应收款／应收款收现

财务总监将应收款朝现金库方向推进一格，此时有 32M 应收款从一期位置移入现金库中。财务总监记录现金"+32"。营销总监登记"应收款明细表"，如表 4-5 所示。

表 4-5　应收款明细表

| 订单信息 | | | | | | 交货 | | 收现 | | 贴现 | | | | √ |
|---|---|---|---|---|---|---|---|---|---|---|---|---|---|---|
| 年 | 订单号 | 产品 | 数量 | 交货期 | 账期 | 金额 | 年 | 季 | 年 | 季 | 年 | 季 | 金额 | 贴息 | |
| 0 年 | ××× | P1 | 6 | 4Q | 2Q | 32 | 0 | 2 | 0 | 四 | | | | | √ |
| | | | | | | | | | | | | | | | |

### 11．按订单交货

在经营流程表的相应方格内打"×"。

### 12．产品研发投资

在经营流程表的相应方格内打"×"。

### 13．厂房处理

在经营流程表的相应方格内打"×"。

### 14．支付行政管理费

财务总监从现金库中取出 1 个灰币，放在 "管理费"位置上，并记录现金"-1"。

### 15．支付厂房租金

在经营流程表的相应方格内打"×"。

### 16．紧急融资／紧急采购

在经营流程表的相应方格内打"×"。

# 四、年末工作

### 1．支付设备维修费

现有 4 条生产线，每条生产线要支付 1M 维修费。财务总监从现金库中取出 4 个灰币放在费用区的"维修费"位置上，并记录现金"-4"。

### 2．计提折旧

根据规则，每条手工线年折旧费 1M，每条半自动线年折旧费 2M，因此，本年应计提折旧额为 1+1+1+2=5M。财务总监分别从 4 条生产线的净值桶内取出 5 个灰币，放在费用区的"折旧"位置上，并在经营流程表的相应方格内填入"（5）"，由于折旧费没有实际支付现金，故此数字用括号标出。

### 3．新市场开拓／ISO 认证投资

起始年不进行任何投资，在经营流程表的相应方格内打"×"。

### 4．缴纳违约订单罚款

无违约，在经营流程表的相应方格内打"×"。

### 5．年结

现金=16M+32M-8M=40M

R1 原料=3+1-2=2（个）

P1 产成品=1+2-0=3（个）

下面以财务总监角色为例，说明经营记录的填写过程，如表4-6所示。

表 4-6　第 0 年财务总监经营记录

| 请按顺序执行下列各项操作。财务总监在方格内填写现金收支情况。 | | | | |
|---|---|---|---|---|
| 1. 新年度规划会议 | √ | | | |
| 2. 投放广告 | -1 | | | |
| 3. 参加订货会选单／登记订单 | √ | | | |
| 4. 支付上年所得税 | -1 | | | |
| 5. 支付长期贷款利息 | -4 | | | |

| 请按顺序执行下列各项操作。财务总监在方格内填写现金收支情况。 | | | | |
|---|---|---|---|---|
| 6. 更新长期贷款／长期贷款还本 | √ | | | |
| 7. 申请长期贷款 | × | | | |
| 8. 季初现金盘点（填写现金余额） | 一季度 | 二季度 | 三季度 | 四季度 |
| | 14 | 10 | 6 | 16 |
| 9. 更新短期贷款／短期贷款还本付息 | × | × | × | × |
| 10. 申请短期贷款 | × | × | × | × |
| 11. 原料入库／更新原料订单 | −2 | −1 | −1 | −1 |
| 12. 下原料订单 | √ | √ | √ | √ |
| 13. 购买／租用厂房 | × | × | × | × |
| 14. 更新生产／完工入库 | √ | √ | √ | √ |
| 15. 新建/在建转产／变卖生产线 | × | × | × | × |
| 16. 开始下一批生产 | −1 | −2 | −1 | −2 |
| 17. 更新应收款／应收款变现 | √ | √ | 13 | 32 |
| 18. 按订单交货 | × | √ | × | × |
| 19. 产品研发投资 | × | × | × | × |
| 20. 厂房处理 | × | × | × | × |
| 21. 支付行政管理费 | −1 | −1 | −1 | −1 |
| 22. 支付厂房租金（续租） | × | × | × | × |
| 23. 紧急融资／紧急采购 | × | × | × | × |
| 24. 支付设备维修费 | | | | −4 |
| 25. 计提折旧 | | | | （5） |
| 26. 新市场开拓／ISO 认证投资 | | | | × |
| 27. 缴纳违约订单罚款 | | | | × |
| 28. 现金收入合计 | 0 | 0 | 13 | 32 |
| 29. 现金支出合计 | −4 | −4 | −3 | −8 |
| 30. 期末对账（填写现金余额） | 10 | 6 | 16 | 40 |

起始年产品生产及设备状态的沙盘推演过程如表 4-7 所示。

### 表 4-7　第 0 年生产及设备状态记录

| 生产线编号 | | 1 | | 2 | | 3 | | 4 | |
|---|---|---|---|---|---|---|---|---|---|
| 生产线类型 | | 手工 | | 手工 | | 手工 | | 半自动 | |
| 年初状态 | | P1 | 1Q | P1 | 2Q | P1 | 3Q | P1 | 1Q |
| 第一季末 | 在产 | P1 | 2Q | P1 | 3Q | P1 | Q | P1 | 2Q |
| | 转产 | | | | | | | | |
| | 变卖 | | | | | | | | |
| | 新建／在建 | | | | | | | | |

续表

| 生产线编号 | | 1 | | 2 | | 3 | | 4 | |
|---|---|---|---|---|---|---|---|---|---|
| 生产线类型 | | 手工 | | 手工 | | 手工 | | 半自动 | |
| 年初状态 | | P1 | 1Q | P1 | 2Q | P1 | 3Q | P1 | 1Q |
| 第二季末 | 在产 | P1 | 3Q | P1 | 1Q | P1 | 2Q | P1 | 1Q |
| | 转产 | | | | | | | | |
| | 变卖 | | | | | | | | |
| | 新建/在建 | | | | | | | | |
| 第三季末 | 在产 | P1 | 1Q | P1 | 2Q | P1 | 3Q | P1 | 2Q |
| | 转产 | | | | | | | | |
| | 变卖 | | | | | | | | |
| | 新建/在建 | | | | | | | | |
| 第四季末 | 在产 | P1 | 2Q | P1 | 3Q | P1 | 1Q | P1 | 1Q |
| | 转产 | | | | | | | | |
| | 变卖 | | | | | | | | |
| | 新建/在建 | | | | | | | | |
| 产出合计 | 6P1 | 1P1 | | 1P1 | | 2P1 | | 2P1 | |

# 五、编制报表

## （一）报表编制流程

会计报表的编制是财务总监的主要职责，更是团队协作的结晶，报表编制流程如图 4-2 所示。

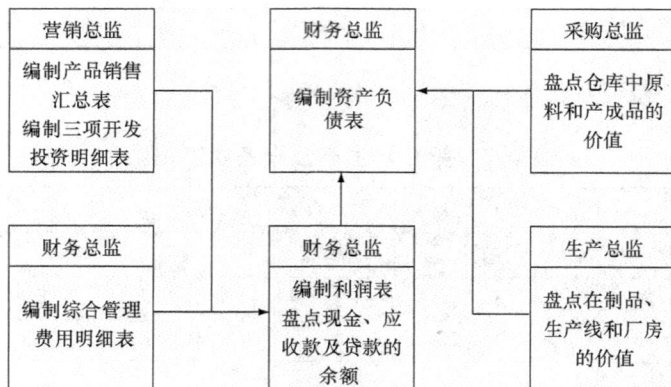

图 4-2　报表编制流程

## （二）报表编制方法

### 1．产品销售汇总表

营销总监根据"订单登记表"汇总编制"产品销售汇总表"，如表4-8所示。

表4-8　产品销售汇总表

| 年度 | 产品 | P1 | P2 | P3 | P4 | 合计 |
|---|---|---|---|---|---|---|
| 第0年 | 数量 | 6 | | | | 6 |
| | 销售额 | 32 | | | | 32 |
| | 成本 | 12 | | | | 12 |
| | 毛利 | 20 | | | | 20 |

### 2．综合管理费用明细表

财务总监根据费用区中"维修费""转产费""租金""管理费""广告费""其他"位置上的筹码数量以及营销总监提交的"三项开发投资明细表"中相关数据（该表第0年无数据）填写"综合管理费用明细表"，如表4-9所示。

表4-9　第0年综合管理费用明细表

单位：百万元

| 项目 | 金额 | 备注 |
|---|---|---|
| 管理费 | 4 | |
| 广告费 | 1 | |
| 维修费 | 4 | |
| 损　失 | | |
| 转产费 | | |
| 厂房租金 | | |
| 新市场开拓 | | □区域　□国内　□亚洲　□国际 |
| ISO 资格认证 | | □ISO 9000　　□ISO 14000 |
| 产品研发 | | □P2　　□P3　　□P4 |
| 合　计 | 9 | |

说明：若"三项开发投资"项目有数据，则需要在备注栏相应的复选框中打"√"。

### 3．利润表

利润表属于动态报表，是反映企业在一定会计期间经营成果的报表。利润表一般采用多步式结构，通过以下五个步骤计算出当期净利润（或亏损）。

（1）毛利＝销售收入 – 直接成本。

（2）折旧前利润＝毛利 – 综合费用。

（3）支付利息前利润＝折旧前利润 – 折旧。

（4）税前利润＝支付利息前利润－财务费用。

（5）净利润＝税前利润－所得税。

利润表各项目数据来源如表 4-10 所示。

表 4-10　利润表各项目数据来源

| 项目 | 行次 | 数据来源 |
|---|---|---|
| 一、销售收入 | 1 | 产品销售汇总表 |
| 减：直接成本 | 2 | 产品销售汇总表 |
| 二、毛利 | 3 | 产品销售汇总表 |
| 减：综合费用 | 4 | 综合管理费用明细表 |
| 三、折旧前利润 | 5 | 3 行～4 行 |
| 减：折旧 | 6 | 沙盘费用区的"折旧"数 |
| 四、支付利息前利润 | 7 | 5 行～6 行 |
| 减：财务费用 | 8 | 沙盘费用区的"利息"和"贴息"数 |
| 五、税前利润 | 9 | 7 行～8 行 |
| 减：所得税 | 10 | 税前利润×25%（向下取整） |
| 六、净利润 | 11 | 9 行～10 行 |

根据上述方法编制第 0 年利润表，如表 4-11 所示。

表 4-11　第 0 年利润表

单位：百万元

| 项目 | 上年数 | 本年数 |
|---|---|---|
| 一、销售收入 | 34 | 32 |
| 减：直接成本 | 12 | 12 |
| 二、毛利 | 22 | 20 |
| 减：综合费用 | 9 | 9 |
| 三、折旧前利润 | 13 | 11 |
| 减：折旧 | 5 | 5 |
| 四、支付利息前利润 | 8 | 6 |
| 减：财务费用 | 4 | 4 |
| 五、税前利润 | 4 | 2 |
| 减：所得税 | 1 | |
| 六、净利润 | 3 | 2 |

### 4．资产负债表

资产负债表属于静态报表，是反映企业在某一特定日期的财务状况的报表。资产负债表各项目数据来源如表 4-12 所示。

表 4-12　资产负债表各项目数据来源

| 资产 | 数据来源 | 负债和权益 | 数据来源 |
|---|---|---|---|
| 现金 | 盘点现金库灰币 | 长期贷款 | 盘点长贷区空桶 |
| 应收款 | 盘点应收款区灰币 | 短期贷款 | 盘点短贷区空桶 |
| 在制品 | 盘点在线产品价值 | 应交所得税 | 当年利润表中的"所得税" |
| 产成品 | 盘点库存产品价值 | 负债合计 | 以上三项之和 |
| 原材料 | 盘点库存原料价值 | | |
| 流动资产合计 | 以上五项之和 | | |
| 厂房 | 盘点厂房价值 | 股东资本 | 初始投资额不变 |
| 机器设备 | 盘点建成生产线价值 | 利润留存 | 上一年度的利润留存+上一年度的净利润 |
| 在建工程 | 盘点在建生产线价值 | 年度净利 | 当年利润表中的"净利润" |
| 固定资产合计 | 以上三项之和 | 所有者权益合计 | 以上三项之和 |
| 资产总计 | 流动资产+固定资产 | 负债和权益总计 | 负债+所有者权益 |

根据上述方法编制第 0 年资产负债表，如表 4-13 所示。

表 4-13　第 0 年资产负债表

单位：百万元

| 资产 | 年初数 | 年末数 | 负债和权益 | 年初数 | 年末数 |
|---|---|---|---|---|---|
| 现金 | 20 | 40 | 长期贷款 | 40 | 40 |
| 应收款 | 13 | | 短期贷款 | | |
| 在制品 | 8 | 8 | 应交所得税 | 1 | |
| 产成品 | 6 | 6 | 负债合计 | 41 | 40 |
| 原材料 | 3 | 2 | | | |
| 流动资产合计 | 50 | 56 | | | |
| 厂房 | 40 | 40 | 股东资本 | 50 | 50 |
| 机器设备 | 15 | 10 | 利润留存 | 11 | 14 |
| 在建工程 | | | 年度净利 | 3 | 2 |
| 固定资产合计 | 55 | 50 | 所有者权益合计 | 64 | 66 |
| 资产总计 | 105 | 106 | 负债和权益总计 | 105 | 106 |

# 六、结语

　　每一年经营下来，需要反思我们的行为，分析实际与计划的偏差及其原因，聆听指导教师根据现场数据所做的分析与点评，记录收获，完善知识体系。

需要特别强调的是，编制并提交会计报表后，要将盘面上的"费用区"清空，为下一年的经营做准备。

## 思考题

1. ERP 沙盘模拟经营流程分为几个阶段？每个阶段有哪些任务？

2. 你认为模拟企业运营中最关键的节点有哪几个？针对这些节点应如何分工，才能取得最佳效果？

3. 你们团队在当年经营中遇到了什么问题？在下一年经营中打算如何改进？

4. 为什么要"换线"？如何通过"换线"取得最大效益？

5. 在 ERP 沙盘模拟中，企业所得税应如何计算和缴纳？

# CHAPTER5

# 第五章
# 市场与选单

## 一、市场预测

市场是企业进行产品营销活动的场所，标志着企业的销售潜力，也直接影响企业的经营成果。企业的生存和发展离不开市场这个大环境，谁赢得市场，谁就赢得了竞争。市场是瞬息万变的，这就增加了竞争的对抗性和复杂性。目前，模拟企业已经拥有了本地市场准入证，还有区域市场、国内市场、亚洲市场和国际市场有待开发。

常言道："凡事预则立，不预则废。"市场预测是企业经营的前提，一个成功的企业战略来源于对市场的正确分析。

在 ERP 沙盘模拟课程中，市场预测是各企业能够得到的关于产品市场需求的唯一可以参考的有价值的信息，对市场预测的分析与企业的营销方案策划息息相关。在市场预测中发布了近厂年关于行业产品市场的预测资料，包括各市场、各产品的总需求量、价格情况、客户关于技术及产品的质量要求等，如图 5-1 所示。

图 5-1 是 1～6 年本地市场 P 系列产品预测资料，由左边的柱形图和右边的折线图构成。在柱形图中，横坐标代表年，纵坐标上的数字代表产品数量，各产品对应柱形的高度代表该产品某年的市场预测需求总量。折线图上则标识 1～6 年某产品的价格趋向，横坐标表示年，纵坐标表示价格。

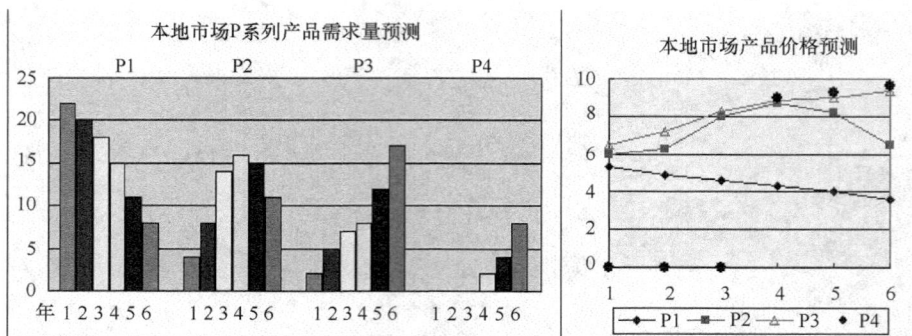

图 5-1　本地市场 P 系列产品需求预测

在市场预测中，除了直观的图形描述外，还用文字形式加以说明，其中尤其需要注意客户关于技术及产品的质量要求等细节。本章附录提供了 6 组、8 组、10 组和 12 组模式下的市场预测。

模拟企业是典型的"以销定产、以产定购"经营模式，客户订单是模拟企业制订生产排程和原料采购计划以及融资方案等的依据，因此客户订单的获得对企业至关重要，那么企业如何才能拿到理想的订单呢？首先，营销总监要读懂市场预测；其次，对企业各种产品的可供销售量了如指掌（知己）；最后，还要了解其他竞争对手的情况（知彼），例如，其他企业研发了哪些产品？开拓了哪些市场？生产能力如何？财务状况如何？等等。只有这样，才能制定合理的广告投放策略，进而在年度订货会上准确选单，最终在市场博弈中脱颖而出。从这个角度来说，营销总监无疑是模拟企业中最具挑战性的角色。

# 二、广告投放

投放广告是模拟企业得到客户订单的必要条件，如果不投放广告就没有选单的机会，广告投放的规则如下。

第一，只有已获得某市场准入证时，才可以在该市场上投放广告，争取订单。

第二，广告是分市场、分产品投放的，"广告费登记表"中的一个方格即代表一个细分市场。

第三，投 1M 广告费有一次选单机会，此后每多投 2M，增加一次选单机会。例如，投 5M 最多可以有 3 次选单机会，但机会能否实现则取决于市场需求和竞争态势等。投 2M 也仅有一次选单机会，只不过比投 1M 的优先选单而已。

第四，各个市场的产品需求数量是有限的，并非打广告一定能得到订单。

需要注意的是：市场尚未开发完成，不允许在该市场投放广告；产品生产资格尚未开发完成，可以投放广告。

执行投放广告任务时，营销总监填写 "广告费登记表"并提交到教师端；财务总监从现金库中取出等额的灰币放在费用区的"广告费"位置上，同时记录现金支出。

# 三、选单

选单是各个企业正面交锋、博弈拼杀的主战场，也是企业经营成功的关键点。营销总监只有在场外下大气力，并且善于观察、勤于思考，充分利用好有限的外部信息，才能在订货会上做出快速反应、准确选单。

## （一）订货会

营销总监参加订货会之前，生产总监应结合生产线产能及库存情况，计算出可承诺量（Available To Promise，ATP），也称可供销售量，这是选单的基础。某种产品可承诺量的计算方法如下：

$$可承诺量 = 年初库存量 + 本年度完工量$$

值得注意的是，可承诺量并不是一个定数，而是一个区间，因为企业可以转产、紧急采购、加建生产线等。

在 ERP 沙盘模拟中，每年度只有一次订货会，也就是企业每年只有一次拿订单的机会。选单应以企业的库存、产能、设备投资计划和原料供应等为依据，既要避免接单不足造成的设备闲置、产品积压，更要避免盲目接单导致无法按时交货，使本该拿到的应收账款变成了违约罚款，给企业带来损失。

## （二）市场地位

市场地位是针对每个市场而言的。企业的市场地位根据上一年度各企业的销售额排列，在某个市场销售总额（包括 P1、P2、P3 和 P4 产品）最高的企业称为该市场的市场领导者，俗称"市场老大"。"市场老大"是按市场分，而不是按产品分。显然，第一年没有"市场老大"，刚出现的新市场也没有"市场老大"。

## （三）选单顺序

在 ERP 沙盘模拟中，选单顺序规则如下。

① "市场老大"优先选单。

② 本市场本产品广告额。

③ 本市场广告总额。

④ 本市场上年销售排名。

⑤ 先投广告者先选。

所有按规定投放广告的企业按照上述规则排定顺序，依次选单，如图 5-2 所示，根据上述规则，C 公司→B 公司→A 公司→D 公司→F 公司将依次选单。教师端按照"重新选单→放单→双击订单盖板→选单→取单"的顺序执行操作。

需要注意的是：

第一，每轮选单中，各企业按照规则排定的顺序，依次选单，当所有企业都选完一次后，若还有订单，则开始进行第二轮选单，直到所有订单被选完为止。

第二，无论投入多少广告费，每次只能选择一张订单，然后等待下一次选单机会。

第三，可以放弃选单机会。

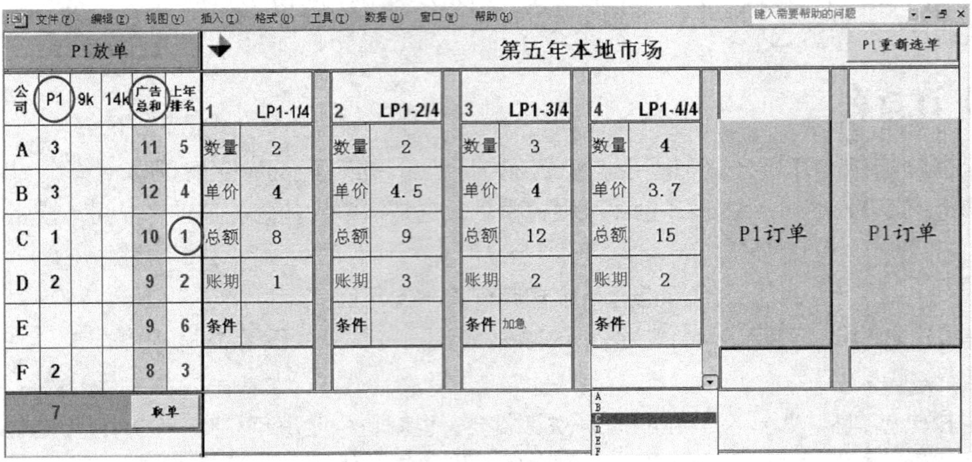


图 5–2　选单界面

## （四）订单类型

市场需求用客户订单的形式表示，订单上标注了年份、所属市场、编号、产品数量、产品单价、总金额、应收账期以及特殊要求等要素。

**1．普通订单**

普通订单可以在当年内任何一季交货，并且对 ISO 资格无要求，本书第四章中图 4-1 就是一张普通订单。

**2．特殊订单**

特殊订单包括加急订单和 ISO 订单两种。

（1）加急订单：订单下方标注了“加急”字样，如图 5-3 所示，要求第一季度必须交货，否则就属于违约。

| 第 2 年　　本地市场　　LP2-1/3 |
|---|
| 产品数量：　3 P2<br>产品单价：　6M / 个<br>总 金 额：18M<br>应收账期：　3 Q |
| 加急!!! |

图 5–3　加急订单

（2）ISO 订单：订单下方标注了“ISO 9000”或“ISO 14000”字样，如图 5-4 所示，要求接单企业必须已获得相应的 ISO 资格证，否则不允许接单。

| 第 3 年 | 本地市场 | LP3-3/3 |
|---|---|---|
| 产品数量：1P3 | | |
| 产品单价：10M／个 | | |
| 总 金 额：10M | | |
| 应收账期： 2 Q | | |
| ISO 9000 | | |

图 5-4  ISO 订单

## （五）订单违约

违约就是未按订单要求交货。按订单交货可以提前，但不可以推后，如某订单规定 3 季交货，则在 1、2、3 季交货均可以，收现时间（账期）从实际交货的季度开始算起。

发生违约的模拟企业，将受到以下处罚。

第一，收回违约订单，并按该订单总金额的 20% 缴纳违约罚款，计入有关报表的"损失"项。

第二，下年市场地位下降一级，若是市场领导者，则取消领导者地位，且其他企业不能递补。

# 四、启航

教师端启用 ERP 沙盘模拟课程教学软件，其主界面如图 5-5 所示。

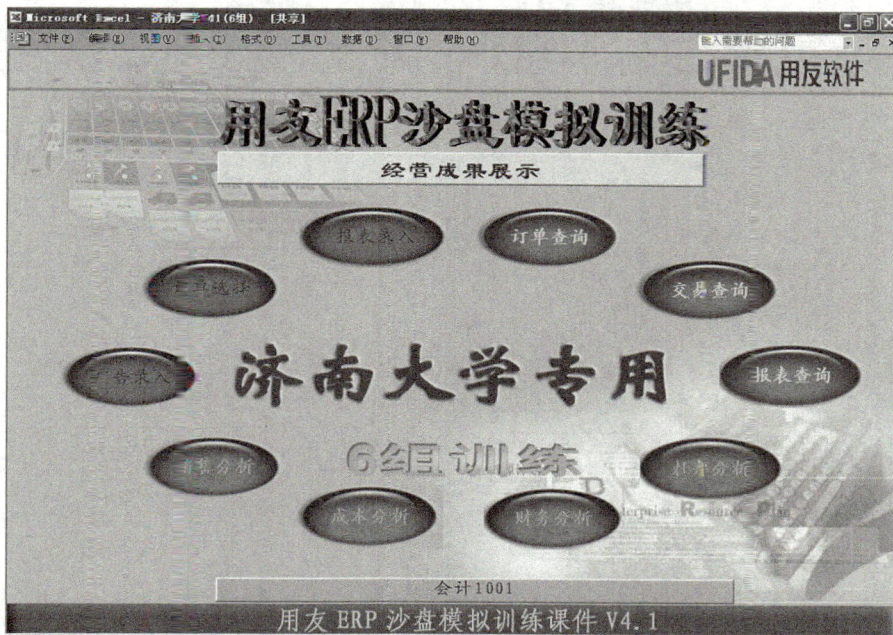

图 5-5  ERP 沙盘模拟课程教学软件主界面

现在，新的管理团队将接过企业继续发展的重任，完全独立经营。这是一个全新的开始，充满机遇和挑战。团队成员不仅要各司其职、各负其责、凝心聚力、共谋发展，还要随机应变，善于把握商机。只有这样，才能在危机出现时转危为安，才能在动态的市场竞争环境中找出制胜之道。总而言之，成功经营一家企业，不仅需要具备一定的管理知识，更需要有积极向上的心态和不屈不挠的精神。

在独立运营过程中，团队成员会发现在起始年中刚刚弄清楚的规则和操作又变得模糊了，往往是看着沙盘盘面手足无措。在实际操作时，学生难免会出现一些违规操作，如不安期更新贷款，提前将应收款变现，原材料不做预订、随意即需即购等。这个时候 CEO 必须头脑清醒，引导团队成员互相帮助、积极寻找解决问题的办法，从混乱中理顺头绪，如查阅教材相关知识点、回忆起始年的操作或者请教老师，力求尽快排除困难，带领团队走出迷局。

## 思考题

1. 请你根据市场预测资料，对各市场的发展趋势进行分析和评估。

2. 广告投放需要考虑哪些因素？应如何制定有效的广告投放计划？

3. 在 ERP 沙盘模拟中，违约罚款应如何计算和处理？

4. 在模拟企业运营过程中，你阅读了哪些表格？你负责填写了哪些表格？

5. 每年经营结束后进行盘面实物盘点，做到报表与盘面相符，如果不相符，原因是什么？

6. 你们团队能否判断本企业所处的状态并及时调整企业战略？

# CHAPTER6

# 第六章
# ERP电子沙盘

## 一、ERP 电子沙盘简介

### （一）ERP 电子沙盘的特点

ERP 电子沙盘继承了 ERP 手工沙盘形象直观的特点，同时实现了选单、经营过程、报表生成的全自动操作，将教师彻底从发放订单、报表录入、监督控制等具体操作中解放出来，将教学研究的重点放于企业经营的本质分析。

ERP 电子沙盘具有以下特点：

◆ 采用 B/S 架构，基于 Web 的操作平台，安装简便，可实现本地或异地的训练。

◆ 可以对运营过程的主要环节进行严格控制，学生不能擅自改变操作顺序，也不能随意反复操作，避免作弊。

◆ 自动核对现金流，并依据现金流对企业运行进行控制，避免了随意挪用现金的操作，从而真实反映现金对企业运行的关键作用。

◆ 实现交易活动（包括银行贷款、销售订货、原料采购、交货、应收账款回收、市场调查等）的本地操作，以及操作合法性验证的自动化。

◆ 可以与手工沙盘结合使用，也可单独使用（如竞赛）。

◆ 有多组训练模式的选择，标准版可在 6～18 组中任选。

◆ 可以有限地改变运行环境参数，调节运行难度。

◆ 增加了系统间谍功能。

◆ 系统中集成了即时信息功能。

◆ 强大的用户决策跟踪——可无遗漏地暴露决策失误，进行赛后复盘分析。

ERP 手工沙盘模拟侧重于对企业经营的综合认知，但存在三个不可回避的问题：一是企业经营监控不力，二是参与课程人数受到限制，三是教师端的操作工作量大。ERP 电子沙盘的引入可以有效地解决上述问题。ERP 电子沙盘经营可以作为集中课程进行，也可以由学生社团组织以沙盘竞赛的形式开展。

ERP 电子沙盘彻底实现了时间不可倒流的控制，即所有的运营环节一经执行，便不能反悔，更为真实地体现了现实公司运作环境。这样就迫使学生像真正企业经营一样负责任地做好每一项决定，认真执行好每一项工作。

本章主要介绍创业者电子沙盘系统的规则与操作方法。创业者电子沙盘采用创业模式经营，即初始状态只有股东投入的现金，这也是该系统名称的由来。初始现金一般以 60M 为宜，教师也可以视受训者情况对"系统参数"予以调整，如图 6-1 所示。

图 6-1　系统参数

## （二）ERP 电子沙盘的经营流程

ERP 电子沙盘经营流程的节点，如表 6-1 所示。

表 6-1　ERP 电子沙盘经营记录

| | 经营流程 | 系统操作 | 手工记录 |
|---|---|---|---|
| 年初任务 | 新年度规划会议 | | |
| | 投放广告 | 输入广告费并确认 | |
| | 支付上年所得税 | 系统自动 | |
| | 更新长贷／长贷还本付息 | 系统自动 | |
| | 参加订货会 | 选单 | |
| | 申请长贷 | 输入贷款数额并确认（10 的倍数） | |

| | 经营流程 | 系统操作 | 手工记录 | | | |
|---|---|---|---|---|---|---|
| 当季开始 | 更新短贷／短贷还本付息 | 系统自动 | | | | |
| | 更新生产／完工入库 | 系统自动 | | | | |
| | 检测生产线完工情况 | 系统自动 | | | | |
| 1 | 申请短贷 | 输入贷款数额并确认（20 的倍数） | | | | |
| 2 | 更新原料库 | 系统自动扣减现金，确认 | | | | |
| 3 | 下原料订单 | 输入并确认 | | | | |
| 4 | 购买／租用厂房 | 选择并确认 | | | | |
| 5 | 新建／在建／转产／变卖生产线 | 选择并确认（投资每季需确认） | | | | |
| 6 | 开始下一批生产 | 选择并确认 | | | | |
| 7 | 应收款更新 | 输入到期应收款的金额并确认 | | | | |
| 8 | 按订单交货 | 选择并确认 | | | | |
| 9 | 产品研发 | 选择并确认 | | | | |
| 10 | 厂房处理 | 选择并确认 | | | | |
| 11 | 市场开拓／ISO 投资 | 选择并确认（仅第四季可操作） | | | | |
| 特殊任务 | 厂房贴现 | 选择并确认（随时进行） | | | | |
| | 紧急采购 | 输入并确认（随时进行） | | | | |
| | 出售库存 | 输入并确认（随时进行） | | | | |
| | 应收款贴现 | 输入并确认（随时进行） | | | | |
| 当季结束 | 支付行政管理费 | 系统自动 | | | | |
| | 支付租金 | 系统自动 | | | | |
| | 检测产品开发完成情况 | 系统自动 | | | | |
| 当年结束 | 检测新市场／ISO 资格完成情况 | 系统自动 | | | | |
| | 支付设备维修费 | 系统自动 | | | | |
| | 计提折旧 | 系统自动 | | | | |
| | 违约罚款 | 系统自动 | | | | |

就经营流程而言，电子沙盘与手工沙盘基本上一样，但也有区别。

① 电子沙盘流程控制更加严格，不允许任意改变经营流程节点顺序，特别是对经营难度有影响的顺序，如必须先还旧债再借新债。

② 某些任务在手工沙盘上需要通过操作沙盘教具完成，电子沙盘中则由系统自动完成，如更新贷款、产品下线、行管理费等。

③ 某些信息在电子沙盘中被隐蔽，需要经营者更好地记录，如应收款的信息。

④ 系统对各项任务操作次数有严格规定，某些可以多次操作，某些一季只能操作一次。

# 二、ERP 电子沙盘的操作

## （一）登录系统

1. 打开 IE 浏览器。

2. 在地址栏内输入 http://服务器地址或服务器机器名/member/login.asp，进入创业者系统用户登录界面。

3. 模拟企业的用户名分别为 U01、U02、U03 等，初始密码为"1"，如图 6-2 所示。

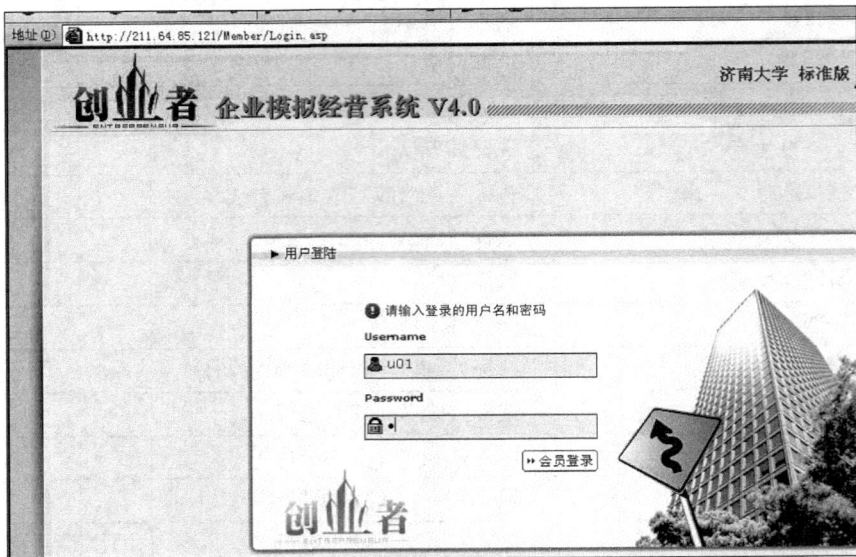

图 6-2　用户登录

4. 首次登录时需要输入用户信息，如图 6-3 所示。

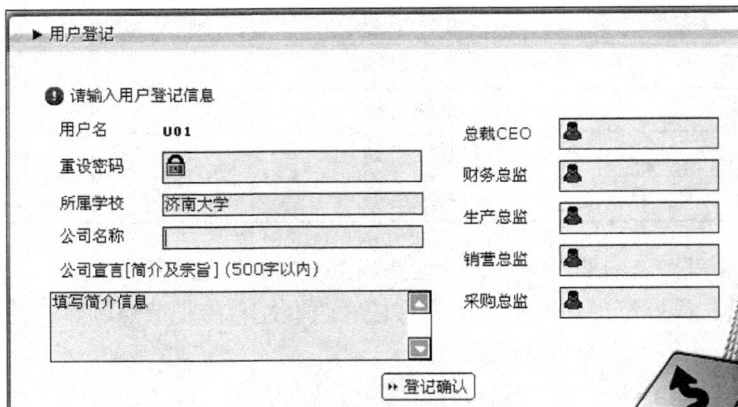

图 6-3　用户信息

其中：重设密码、公司名称、各岗位人员姓名等信息必填，可以设置一岗多人。

5. 单击"登记确认"按钮，进入 ERP 电子沙盘系统主界面，如图 6-4 所示。

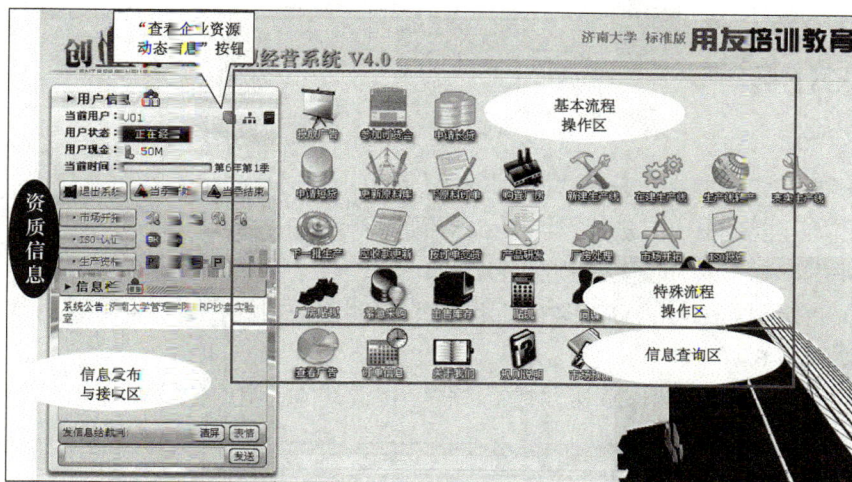

图 6–4 ERP 电子沙盘系统主界面

在 ERP 电子沙盘系统界面左侧自上而下包括以下几项。

① "查看企业资源动态信息"按钮：可以查看企业厂房、生产线、库存、原料订单等信息。

② 用户信息：显示当前用户、用户状态、用户现金、当前时间等信息。

③ "退出系统""当季开始"与"当季结束"按钮。

④ 资质信息：显示市场开拓、ISO 认证、生产资格的获取情况。

⑤ 信息发布与接收区。

在 ERP 电子沙盘系统界面右侧自上而下包括以下几项。

① 基本流程区：亮色按钮表示可操作，双击按钮执行相关任务，基本流程要求按照一定的顺序依次执行，不允许改变其执行的顺序。

② 特殊流程区，亮色按钮为可操作，双击按钮执行相关任务。

③ 信息查询区，亮色按钮为可操作，双击按钮查看相关信息。

ERP 电子沙盘系统主界面操作区的主要任务类型，如表 6-2 所示。

表 6-2 操作类型

| 基本流程——操作不可逆 | | |
| --- | --- | --- |
| 年初任务 | 四季任务 | 年末任务 |
| 1. 投放广告 | 1. 当季开始 | 1. 市场开拓 |
| 2. 选单 | 2. 申请短贷 | 2. ISO 投资 |
| 3. 申请长贷 | 3. 采购 | 3. 当年结束 |
| | 4. 建厂 | |
| | 5. 生产 | |
| | 6. 交货 | |
| | 7. 产品研发 | |
| | 8. 当季结束 | |
| 特殊流程——可随时操作 | | |
| ● 贴现 | ● 紧急采购 | ● 出售库存 |

## （二）年初任务

### 1. 投放广告

双击"投放广告"按钮，进入"投放广告"界面，如图 6-5 所示。

① 在投放广告界面，市场名称为红色表示尚未开发完成，不允许投广告。

② 产品资格未开发完成可以投放广告。

③ 单击"确认投放"后，将不能返回更改，同时系统自动扣除广告费、上年的所得税、长贷本息，如图 6-6 所示。

④ 完成广告投放后，可以通过"查看广告"查询其他小组广告投放情况。

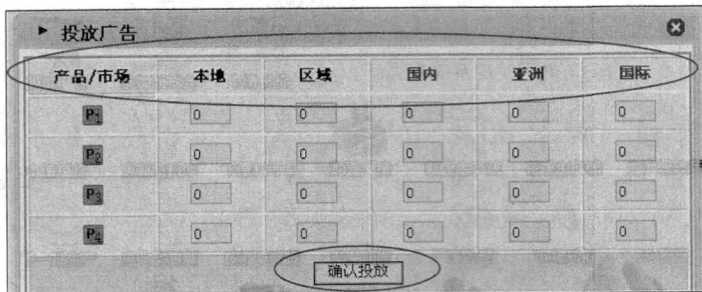

图 6-5 投放广告

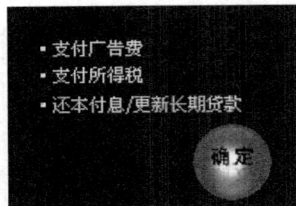

图 6-6 确认投放

### 2. 选单顺序规则

系统自动依据以下规则确定选单顺序。

① 上年市场销售第一名（无违约）为市场老大，优先选单。

② 本市场本产品广告额。

③ 本市场广告总额。

④ 本市场上年销售排名。

⑤ 仍不能判定，先投广告者先选。

### 3. 参加订货会

双击"参加订货会"按钮，进入"参加订货会"界面，可以进行选单，如图 6-7 所示。

① 系统自动传递选单权限，当轮到某一家企业选单时，系统以倒计时的形式，给出本次选单的剩余时间，必须在规定的时间内做出选择，否则系统视为放弃本回合（注意：单击选择某订单但尚未确认，倒计时仍在进行，但屏幕显示倒计时停止）。

② 不可选择订单显示为红色。

③ 可放弃本回合选单，但仍可查看其他企业选单。

④ 某市场某产品的选单过程称为回合，每回合选单可能有若干轮，每轮选单中，各企业按照排定的顺序依次选单，但只能选一张订单。当所有企业都选完一次后，若还有订单，开始进行第二轮选单，依次类推，直到所有订单被选完或所有企业退出选单为止，本回合结束。

## 4．申请长期贷款

双击"申请长贷"按钮，进入"申请长期贷款"界面，如图6-8所示。

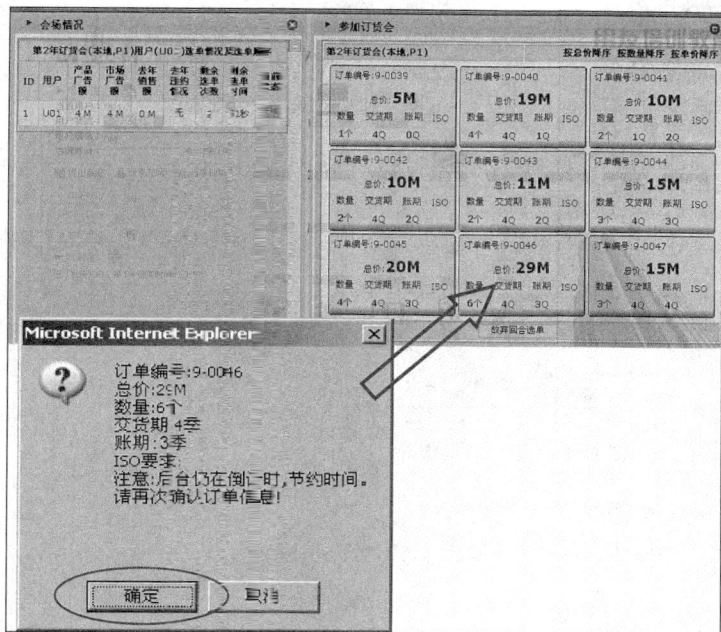

图6-7 选单

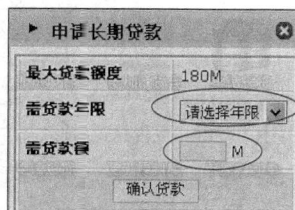

图6-8 申请长期贷款

① 一年只此一次。

② 不可超出最大贷款额度，即长短贷总额（已贷+需贷）不可超过上年年末所有者权益规定的倍数（系统默认参数为3倍）。

③ 贷款额为10的倍数。

# （三）四季任务

## 1．四季任务的启动与结束

每季经营开始需要单击"当季开始"按钮，每季经营结束要单击"当季结束"按钮，第四季结束时该按钮显示为"当年结束"。

## 2．当季开始

在年初任务全部完成之后，单击"当季开始"按钮，如图6-9所示。

① 系统自动扣除到期的短贷本息。

② 系统自动完成更新生产、产品入库。

③ 系统自动检测生产线是否完工。

## 3．申请短期贷款

双击"申请短贷"按钮，进入"申请短期贷款"界面，如图6-10所示。

① 一季只能操作一次。

② 申请额为20的倍数。

65

第六章 ERP 电子沙盘

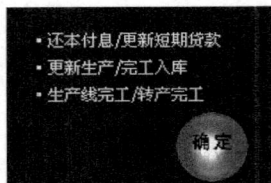

图 6-9　当季开始

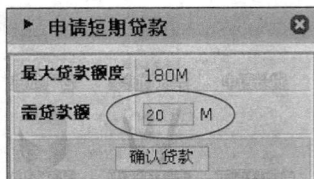

图 6-10　申请短期贷款

③ 长短贷总额不允许超过上年年末所有者权益的规定倍数。

## 4．更新原料库

双击"更新原料库"按钮，进入"原材料入库/更新原料订单"界面，如图 6-11 所示。

图 6-11　更新原料库

① 系统自动提示需要支付的现金数额（不可更改）。

② 单击"确认更新"按钮，即使支付金额为零也必须执行此操作。

③ 系统自动扣减用户现金。

④ 执行该操作后，前面的操作权限被关闭（不可逆），后续的操作权限方可开启（下原料订单至应收款更新）。

## 5．下原料订单

双击"下原料订单"按钮，进入"下原料订单"界面，如图 6-12 所示。

① 输入"订购量"，然后单击"确认订购"按钮。

② 一季只能操作一次。

③ 确认订购后不可退订。

④ 可以不下原料订单。

## 6．购置厂房

双击"购置厂房"按钮，进入"买/租新厂房"界面，如图 6-13 所示。

① 最多可使用一大一小两个厂房。

② 厂房可买可租。

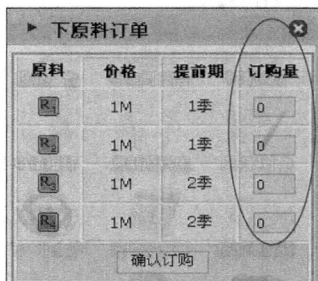

图 6-12　下原料订单

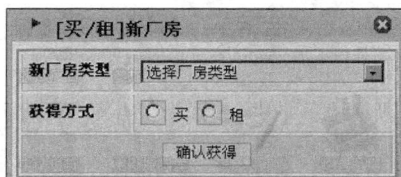

图 6-13　买/租新厂房

### 7．新建生产线

双击"新建生产线"按钮，进入"新建生产线投资"界面，如图 6-14 所示。

① 选择所属厂房、新生产线类型、生产产品类型，并单击"确认获得"按钮。

② 一季可操作多次，直至机位铺满。

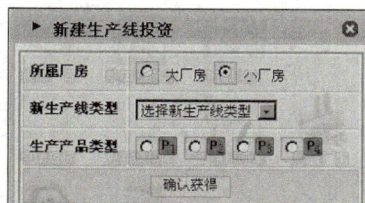

图 6-14　新建生产线投资

### 8．在建生产线

双击"在建生产线"按钮，进入"在建生产线投资"界面，如图 6-15 所示。

图 6-15　在建生产线投资

① 系统自动列出投资未完全生产线。

② 勾选需要继续投资的生产线，单击"确认投资"按钮。

③ 可以不选，表示本季中断投资。

④ 一季只可操作一次。

### 9．生产线转产

双击"生产线转产"按钮，进入"生产线转产"界面，如图 6-16 所示。

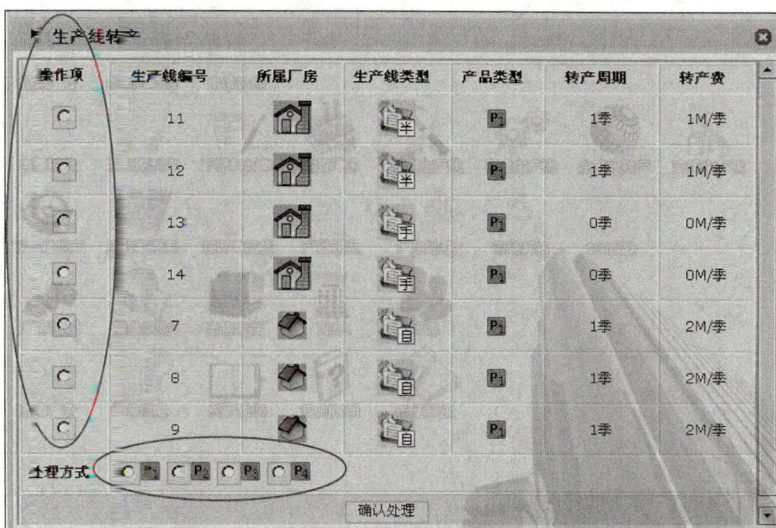

图 6-16　生产线转产

① 系统自动列出符合转产条件生产线，即建成且没有在制品的生产线。

② 单选其中一条生产线，并选择拟转产的产品，单击"确认处理"按钮。

③ 可重复操作。

## 10．变卖生产线

双击"变卖生产线"按钮，进入"变卖生产线"界面，如图 6-17 所示。

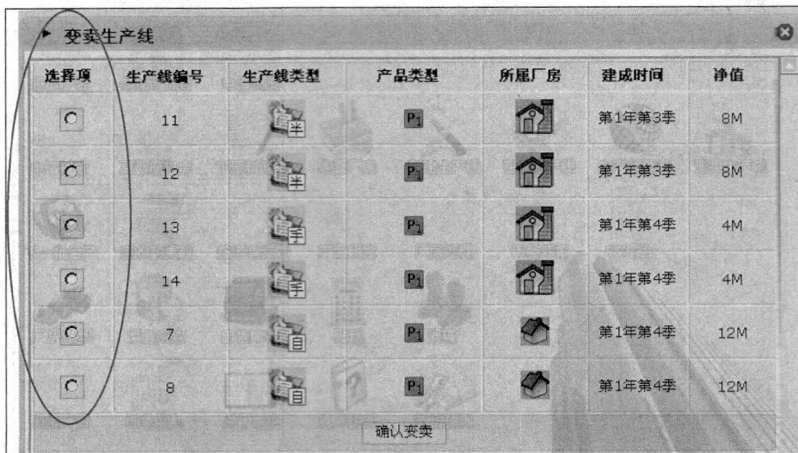

图 6-17　变卖生产线

① 系统自动列出可变卖的生产线，建成后没有在制品的空闲生产线以及转产中生产线都可变卖。

② 单选拟变卖的生产线，单击"确认变卖"按钮。

③ 生产线按其残值变卖，净值超过残值的部分计入损失。

④ 可重复操作。

## 11．开始下一批生产

双击"下一批生产"按钮，进入"开始下一批生产"界面，如图 6-18 所示。

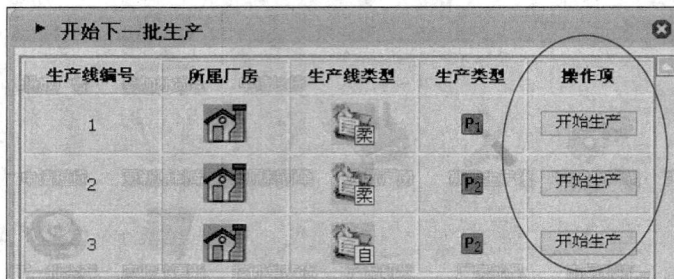

图 6-18　开始下一批生产

① 系统自动列出可以进行产品生产的生产线。

② 自动检测原料、生产资格、加工费。

③ 依次单击"开始生产"按钮，直到窗口中没有生产线列示，或提示不能正常开工为止。

④ 系统自动扣除原料及人工费。

## 12．应收款更新

双击"应收款更新"按钮，进入"应收款更新"界面，如图6-19所示。

图6-19　应收款更新

① 系统不提示本季到期的应收款，需要自行填入到期应收款的金额，多填不允许操作，少填时，则按实际填写的金额收现，少收部分转入下一期应收款。

② 未到期的应收款，系统自动更新。

③ 单击"确认更新"按钮，即使收现金额为零也必须执行此操作。

④ 执行该操作后，前面的各项操作权限被关闭（不可逆），并开启以后的操作任务。

## 13．按订单交货

双击"按订单交货"按钮，进入"按订单交货"界面，如图6-20所示。

图6-20　按订单交货

① 系统自动列出当季未交订单信息。

② 系统自动检测产品库存是否足够，交单时间是否过期。

③ 单击"确认交货"按钮，系统自动增加应收款或现金（0账期）。

④ 交单可以提前，但不允许推后，收现时间（账期）从实际交货的季度开始算起。

⑤ 超过交货期则不能交货，系统收回违约订单，并在年底扣除违约金（列支在损失项目中）。

## 14．产品研发

双击"产品研发"按钮，进入"产品研发投资"界面，如图6-21所示。

① 勾选需要研发投资的产品。

② 一季只允许一次 单击"确认投资"按钮确认并退出该界面后，则本季度就不能再次进入了。

③ 当季结束时系统金测产品研发是否完成。

## 15．厂房处理

双击"厂房处理"按钮，进入"厂房处理"界面，如图6-22所示。

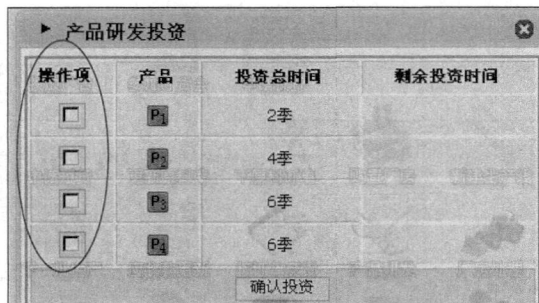

图 6-21　产品研发投资

图 6-22　厂房处理

① 如果拥有厂房且无生产线，可卖出，得到 4Q 的应收款，并删除厂房。

② 如果拥有厂房但有生产线，卖出后得到 4Q 的应收款，自动转为租（买转租），并扣当年租金，记下租入时间。

③ 租入厂房满一年后（与上年对应季度），可以转为购买（租转买），并立即扣除现金。

④ 如果无生产线，可退租并删除厂房。

⑤ 租入厂房满一年后，如果没有执行"租转买"或"退租"操作，系统视为续租，并在当季结束时自动扣除下一年租金。

### 16．当季结束

每季经营完成单击"当季结束"按钮，如图 6-23 所示。

① 系统自动扣除行政管理费和租金。

② 系统自动检测产品开发完成情况。

## （四）年末任务

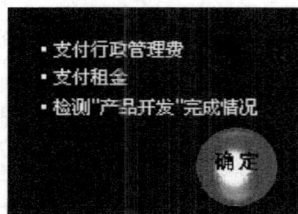

图 6-23　当季结束

### 1．市场开拓

双击"市场开拓"按钮，进入"市场开拓投资"界面，如图 6-24 所示。

① 勾选所有要开发的市场，单击"确认投资"按钮。

② 只有第四季可操作。

③ 第四季结束时系统自动检测投资是否完成。

### 2．ISO 认证投资

双击"ISO 投资"按钮，进入"ISO 认证投资"界面，如图 6-25 所示。

① 勾选要开发的 ISO 认证投资，单击"确认投资"按钮。

② 只有第四季可操作。

③ 第四季结束时系统自动检测投资是否完成。

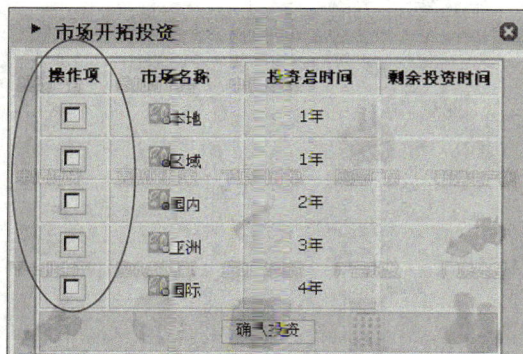

图 6-24　市场开拓投资

图 6-25　ISO 认证投资

### 3．当年结束

① 第四季经营结束，需要单击"当年结束"按钮，确认本年度经营完成。

② 系统自动完成各项任务，如图 6-26 所示。

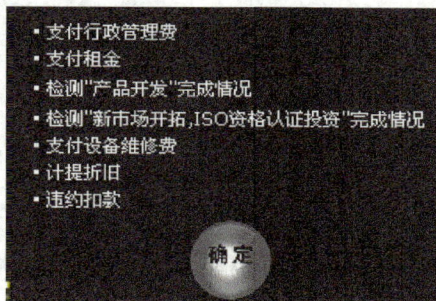

图 6-26　当年结束

# （五）特殊任务

### 1．厂房贴现

双击"厂房贴现"按钮，进入"厂房贴现"界面，如图 6-27 所示。

① 可随时操作。

② 将厂房卖出，价款直接贴现得到现金。

③ 如果无生产线，只扣除贴现息。

④ 如果有生产线，除扣除贴现息外，还要扣除该厂房租金（即买转租并贴现）。

⑤ 系统自动全部贴现，不允许部分贴现。

### 2．紧急采购

双击"紧急采购"按钮，进入"紧急采购"界面，如图 6-28 所示。

① 可随时操作。

② 单选需购买的原料或者产品，填写"订购量"后单击"确认订购"按钮。

③ 原料及产品的价格列示在右侧栏中。

④ 扣款立即到货。

⑤ 购买的原料和产品均按照标准价格计算，超过标准价格的部分，计入损失项。

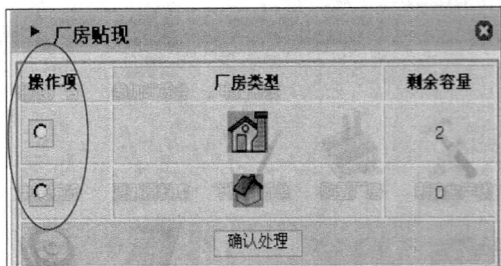

图 6-27　厂房贴现

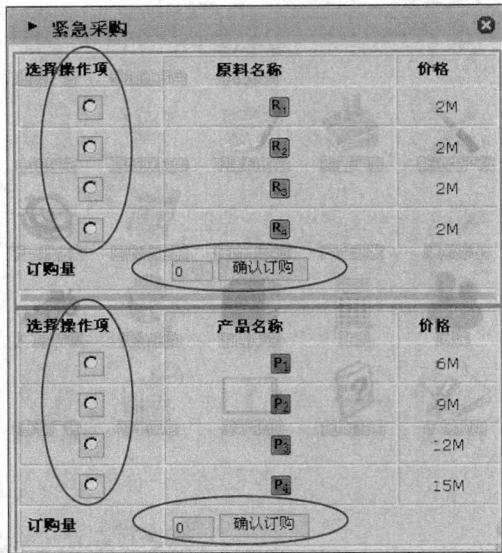

图 6-28　紧急采购

### 3. 出售库存

双击"出售库存"按钮，进入"出售库存"界面，如图 6-29 所示。

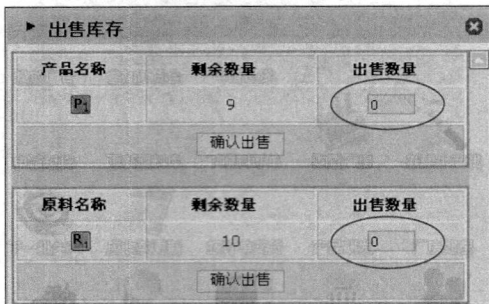

图 6-29　出售库存

① 可随时操作。

② 填写原料或产品的"出售数量"，然后单击"确认出售"按钮。

③ 原料、成品按照系统设置的折扣率回收现金。

④ 所得现金向下取整。

⑤ 原料售价低于成本的部分，计入损失项。

### 4. 贴现

双击"贴现"按钮，进入"贴现"界面，如图 6-30 所示。

① 可随时操作，且次数不限。

② 1、2 季与 3、4 季分开。

③ 1、2（3、4）季应收款加总贴现。

④ 填入贴现额必须等于或小于应收款。

⑤ 输入贴现额乘以对应贴现率，求得贴现息（向上取整），贴现息计入财务费用，其他部分增加现金。

⑥ 注意与手工沙盘贴现规则的区别。

**5．间谍**

双击"间谍"按钮，进入"企业间谍"界面，如图 6-31 所示。

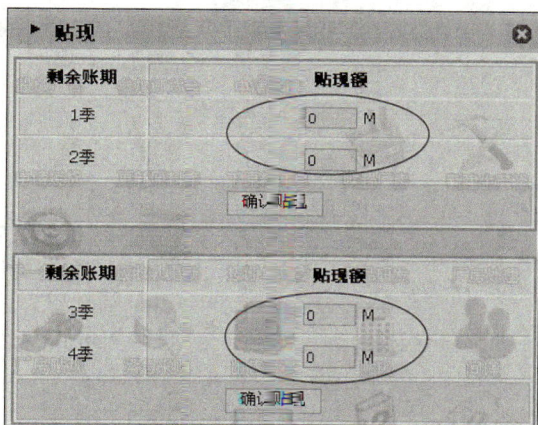

图 6-30 贴现

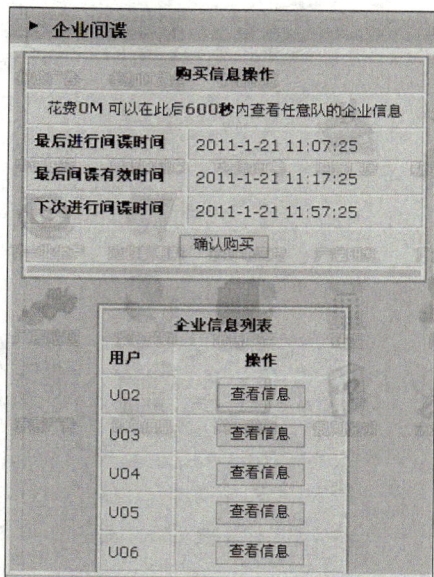

图 6-31 企业间谍

① 可随时操作。

② 可查看任意一家企业信息，查看总时间为 10 分钟（可变参数），第二次查看必须在 50 分钟后（可变参数）。

③ 可以查看厂房、生产线、市场开拓、ISO 认证和产品研发等情况。

**6．查看广告**

双击"查看广告"按钮，进入"广告信息"界面，如图 6-32 所示。

① 在全部企业都完成投放广告之后，才可以查看广告信息，如果还有企业没有投放广告，则暂不允许查看广告投放情况。

② 查看广告信息时，通常正在进行选单中，所以要把握好时机，特别是初学者要慎用此项功能。

**7．订单信息**

双击"订单信息"按钮，进入"订单信息"界面，如图 6-33 所示。

① 可随时操作。

② 可查看所有订单信息及状态。

▸ 广告信息

U01

| 产品/市场 | 本地 | 区域 | 国内 | 亚洲 | 国际 |
| --- | --- | --- | --- | --- | --- |
| P1 | 1 | 1 | 0 | 0 | 0 |
| P2 | 3 | 3 | 0 | 0 | 0 |
| P3 | 0 | 0 | 0 | 0 | 0 |
| P4 | 0 | 0 | 0 | 0 | 0 |

U02

| 产品/市场 | 本地 | 区域 | 国内 | 亚洲 | 国际 |
| --- | --- | --- | --- | --- | --- |
| P1 | 0 | 0 | 0 | 0 | 0 |
| P2 | 3 | 4 | 0 | 0 | 0 |
| P3 | 0 | 0 | 0 | 0 | 0 |
| P4 | 0 | 0 | 0 | 0 | 0 |

U03

| 产品/市场 | 本地 | 区域 | 国内 | 亚洲 | 国际 |
| --- | --- | --- | --- | --- | --- |

图 6-32　广告信息

▸ 订单信息

| 订单编号 | 市场 | 产品 | 数量 | 总价 | 状态 | 得单年份 | 交货期 | 账期 | 交货时间 |
| --- | --- | --- | --- | --- | --- | --- | --- | --- | --- |
| 9-0131 | 区域 | P2 | 2 | 17M | 未交 | 第3年 | 4季 | 4季 | |
| 9-0119 | 区域 | P1 | 1 | 5M | 已交 | 第3年 | 1季 | 1季 | 第3年第1季 |
| 9-0110 | 本地 | P2 | 4 | 30M | 未交 | 第3年 | 4季 | 2季 | |
| 9-0105 | 本地 | P1 | 6 | 26M | 未交 | 第3年 | 4季 | 3季 | |
| 9-0057 | 区域 | P1 | 2 | 9M | 已交 | 第2年 | 4季 | 1季 | 第2年第3季 |
| 9-0061 | 区域 | P1 | 3 | 15M | 已交 | 第2年 | 4季 | 2季 | 第2年第1季 |

页次:1/1页 共6条 10条/页　【首页】【上页】【下页】【末页】转到第 1 页 GO!

图 6-33　订单信息

## （六）其他事项

### 1．破产检测

① 在广告投放完毕、当季开始、当季（年）结束、更新原料库等操作节点，系统自动检测已有现金加上最大贴现及出售所有库存及厂房贴现，是否足够本次支出，如果不够，则破产退出系统。如需继续经营，联系管理员（教师）进行处理。

② 当年结束，若所有者权益为负，则破产退出系统，如需继续经营，联系管理员（教师）进行处理。

## 2．操作要点

① 要注意操作权限 亮色按钮表示可操作权限；当多个操作按钮同时为亮色时，则对操作顺序无严格要求，但建议按顺序操作。

② 对于需要变现的操作，系统均会自动检测，如不足支付，则无法进行下去。

③ 现金不足要紧急融资，如贴现、出售库存等。

④ "更新原料库"和"应收款更新"两项操作必须执行，它们是其他操作的开关。

⑤ 操作中若发生显示不当，可以按<F5>键刷新或单击"退出系统"按钮后再重新登录系统。

# 三、经营业绩综合评价

在完成预定的经营年限后，系统根据各模拟企业的最终权益、生产能力、资源状态等进行综合评分，总分计算公式如下。

$$总分=权益×（1+A／100）-罚分$$

公式中 A 为表 6-3 中各项得分之和。

表 6-3　企业综合发展潜力系数

| 项目 | | 加分 |
|---|---|---|
| 生产线 | 手工生产线 | 5／条 |
| | 半自动生产线 | 7／条 |
| | 全自动生产线 | 10／条 |
| | 柔性生产线 | 10／条 |
| 产品 | P1 产品生产资格证 | 10 |
| | P2 产品生产资格证 | 10 |
| | P3 产品生产资格证 | 10 |
| | P4 产品生产资格证 | 10 |
| 市场 | 区域市场准入证 | 10 |
| | 国内市场准入证 | 10 |
| | 亚洲市场准入证 | 10 |
| | 国际市场准入证 | 10 |
| ISO | ISO 9000 资格证 | 10 |
| | ISO 14000 资格证 | 10 |

说明：生产线建成即加分，无须生产出产品，也无须有在制品；市场老大地位和厂房无加分。

罚分一般由授课教师制定标准，考虑的主要因素如下。

① 是否在规定时间内完成当年经营。

② 是否在规定时间内完成广告投放。

③ 报表的准确性。

④ 盘面与系统数据是否一致等。

## 思考题

1. 创业者企业模拟运营系统的基本业务流程有何特点？哪些任务由系统自动完成？

2. 请分别设计在初始资金为 60M 和 70M 条件下，模拟企业的运营方案。

3. 在创业者企业模拟运营系统中，"间谍"功能应如何使用？

4. 什么是创业者企业模拟运营系统的"排行榜"？该排行榜的评价指标和评分标准是什么？

5. 在 ERP 沙盘模拟中如何洞悉资金短缺的前兆？

6. 在 ERP 沙盘模拟中如何编制现金预算表？

7. 结合自身的风格，设计一份 ERP 沙盘模拟经营流程表。

# CHAPTER7

# 第七章
# ERP沙盘模拟成功之道

在 ERP 沙盘模拟课程起始阶段，所有的模拟企业都具有相同的背景，拥有相同的资源，并追求相同的目标——股东财富最大化。然而，经过若干期经营之后，结果却是千差万别。究其原因，我们能够发现很多规律性的现象和内在联系。在这里，笔者将多年 ERP 沙盘模拟教学、竞赛中积累的心得体会加以提炼和梳理，作为成功的经验与读者交流分享，同时也希望能起到抛砖引玉的作用。

## 一、基本理念

理念是行为之鬼，没有先进的理念就没有先进的实践。笔者认为，ERP 沙盘模拟的成功之道，应遵看以下理念。

## （一）从错误中学习，在失败中成长

在模拟经营过㤥中，不要怕犯错和失败，学习的目的就是为了发现问题，并努力寻求解决问题的手段。在学习过程中，往往是谁犯的错误越多，谁的收获就越大，认识也越深刻。"不会在失败中找出经验教训的人，他通向成功的路是遥远的。"所以，要保持积极乐观的心态，一个人如果心态积极，乐观地面对逆境和接受挑战，那么他就成功了一半。尤其是在竞赛中，冠军只有一个，除了冠军也许都会有些失意，这很正常，但失意只是暂时的，成长需要磨炼。

## （二）一切用数据说话

力求精通规则、计算深远，看懂市场预测和会计报表，科学的决策依靠周密严谨的计算和翔实可靠的数据支持。否则，一切跟着感觉走，结果只能是沦为"四拍"式管理——拍脑袋决策、拍胸脯保证、拍大腿后悔、拍屁股走人。

## （三）知己知彼，百战不殆

在战略的制订和执行过程中，千万不要忘记竞争对手，竞争对手的市场开拓、产品研发、ISO 认证、产能大小、现金多少甚至广告投放习惯等都是必须关注的，只有对竞争对手有正确的评估才能准确推断出其战略意图，从而避实就虚，寻求战略优势。

## （四）细节决定成败

关注细节，是一种习惯，要在平时点滴中培养。很多时候我们会说"运气不好"，由于某个失误导致经营失败太可惜了。但究其根本，都是因为在细节上没有掌控好，犯了致命"失误"，导致满盘皆输。一个好的财务（计算）可以保证公司不死，一个好的市场（博弈）可以让公司壮大，在这两个条件差不多的情况下，那么不犯错或者少犯错的团队就可以走得更远。高水平的巅峰对决，比的就是细节的掌控。

## （五）稳中求进，不可贪胜

模拟经营的前期注重战略，后期讲究战术，但是如果战略不好，再好的战术也派不上用场，所以前三年是竞争的关键，此时企业资源较少，必须量力而行、循序渐进。产能的扩张必须以市场需求为依据，以现金预算为基础，以发展壮大为目标，以稳健适度为原则。可以说，能够自然流畅地展开各项资源的企业，必然会在竞争中占据优势地位。墨守成规、不思进取不可能发展企业，但那种急功近利、试图一蹴而就的心态更是经营的大忌。

## （六）办企业就是办人

在模拟企业中，CEO 是灵魂，财务是核心，营销是关键，生产是基础，采购是保障，五位一体。企业经营的好坏，一方面取决于企业的决策，另一方面取决于团队成员的参与程度、默契程度和互补程度。团队成员之间不仅要敢于沟通，更要善于沟通。在制订决策时，团队成员应集思广益、畅所欲言；而一旦做出方案，就应该各司其职，认真履行好自己的职责，保证企业战略意图的贯彻执行，所谓"胜在策略，赢在执行"。当企业运营出现问题时最能考验团队的凝聚力，此时，不能推脱责任，更不能互相埋怨和指责，要学会以欣赏、尊重、宽容的态度对待同伴。企业的兴衰成败归根结底取决于人！

# 二、筹资活动攻略

## （一）负债经营原则

负债经营是现代企业的基本特征之一，其基本原理就是在保证财务稳健的前提下充分发挥财务杠杆的作用，为股东谋求收益最大化。负债经营是一把"双刃剑"。一方面，如果企业经营状况良好，投资收益率大于负债利息率，则获得财务杠杆利益，实现"借鸡生蛋"的目的；另一方面，如果企业经营状况不佳，投资收益率小于负债利息率，则产生财务杠杆损失，甚至导致企业因不堪重"负"而濒临破产的边缘。

现实生活中，很多管理者缺乏财务管理知识，对企业运用负债理解不够，对其利弊认识不清，视负债风险为洪水猛兽，认为"冷在风里，穷在债里"，而"无债一身轻"。事实上，适度的负债经营可以提高企业的竞争力和获利能力，是现代企业为获得快速发展而采取的一种积极进取的经营手段。所谓"富人钱生钱，穷人债养债"也是这个道理。

当然，负债经营的比例究竟应该多高，这是财务管理学中确定最佳资本结构的关键问题，也是一个没有普遍适用模式的难题，企业必须结合自身资源、运作能力和外部环境的各种因素，进行通盘考虑。

## （二）长短贷结构合理

在 ERP 沙盘模拟中，银行信贷资金是模拟企业的基本筹资渠道，长期贷款和短期贷款各有利弊，它们的资本成本和财务风险比较如表 7-1 所示。

表 7-1　两种贷款的资本成本和财务风险比较

| 筹资类型 | 资本成本 | 财务风险 |
|---|---|---|
| 短期贷款 | 低 | 大 |
| 长期贷款 | 高 | 小 |

从表 7-1 中可以看出，使用短期贷款资本成本低，但财务风险大，很容易造成还不了到期的贷款而导致企业破产；使用长期贷款则相反，财务风险小，但较高的资本成本侵蚀了企业的利润空间，导致企业"干得很辛苦，就是不赚钱"。所以，在制订筹资策略时，必须合理安排长短贷的比例，使资本成本和财务风险达到均衡，让借来的钱创造出更多的利润。

## （三）控制贷款额度

### 1．卡权益

根据 ERP 沙盘模拟对抗规则，所有长贷与短贷之和不能超过上年年末所有者权益的 3 倍。在模拟经营的前两年，由于权益较低，卡权益数以保证下一年的贷款额度非常重要。同时规则还约定，以 20M 为基本贷款单位（电子沙盘的长贷以 10M 为基本贷款单位），所以，权益的个位数卡在 0、4、7 时对计算贷款额度比较有利。例如，某年末的权益是 40M，那么下年度贷款额度就是 120M；若权益为 39M，则下年度贷款额度只有 100M（电子沙盘为 110M），贷款额度的减少对模拟企业的运营势必造成一系列不良影响。

### 2．保权益

为保证企业下年度融资能力，年末权益数一般不要低于 40M，可以通过以下方式保权益。

（1）推迟或放弃 ISO 认证投资。市场对 ISO 认证需求一般出现较迟，并且同时要求 ISO 9000 和 ISO 14000 的订单更稀少，因此，为保权益，首当其冲就是削减 ISO 投资支出。

（2）减少一个或两个市场开拓投资。市场并非越多越好，关键看能否提升企业的效益。那种"不管什么情况都要把市场全开"的思路是不正确的，因为市场准入资格的获得需要付出资金及时间代价，如果开发出的市场不能发挥应有的作用，则开发就是失败的。一般来说，并不需要把五大市场都开拓出来，尤其是亚洲和国际两个市场可以选择其一。例如，国际市场开拓的周期长、投资多，但我们通过市场预测发现，国际市场对 P4 产品的需求量很小，所以，主打 P4 产品的企业就可以考虑放弃国际市场开拓。

## （四）出售厂房

关于常规的筹资方式，本书已经做了详尽的说明，这里介绍一下出售厂房的策略。笔者在教学实践中发现，厂房处理往往是"新手不会用、高手不需用"的方法，但事实上，出售厂房也是一种应急筹资方式。

在 ERP 电子沙盘第一年运营中，为了保权益，往往采用购买厂房的策略，第二年后若预计资金周转会出现困难，可以主动提前出售厂房，根据 ERP 沙盘模拟对抗规则："厂房按买价出售，得到 4 个账期的应收款。"如果从收入的角度看，这就视同取得一笔销售收入；如果从筹资的角度看，也可以理解为申请了一笔长期贷款。例如，出售小厂房得到 30M 应收款，可以看做变相取得了 30M 长贷，小厂房的年租金 3M，而 30M 长贷的年利息也是 3M，显然，这两种方式对权益的影响是相同的；在现金充足的年份，还可以通过"租转买"购回厂房，从而节省租金、提高权益，而长贷是不能提前归还的，所以出售厂房比申请长贷要灵活。

# 三、投资活动攻略

## （一）资源展开符合"配称"原则

"竞争战略之父"迈克尔·波特教授指出，战略就是在企业的各项运营活动之间建立一种配称。笔者认为，"配称"就是协调和匹配，包含着"恰好"的概念，类似于管理学中的"木桶定律"。资源"配称"可以有效避免资源浪费，使企业的整体绩效最大化。具体到 ERP 沙盘模拟中，就是要求市场开拓、产品研发、生产线建设以及材料采购等环节要"配称"，如产品研发与生产线建设应该同期完成，原料入库与上线生产能够协调一致，产能扩张与市场开拓保持同步，投资需求与资金供给有效匹配等。

在 ERP 沙盘模拟中，产供销脱节的现象比比皆是，这是很多模拟企业经营惨淡的根本原因。例如，有的小组开拓了广阔的市场，本应顺理成章地接到很多订单，却发现产能不足。即使生

80

产线全力以赴也无法满足工羊的要求；有的小组花费大量资金购置了自动线或柔性线，产能很高，但产品单一、市场狭小，导致产品积压和生产线闲置；有的小组营销、生产安排妥当，只等正常生产和交货即可有长期的前景，然而库存原料又不够了，只能停工待料或者紧急采购，打乱了事先的部署。凡此种种，不一而足。

## （二）各种生产线性价比

### 1．手工线与自动线比较

就买价、产能和年护日费而言，三条手工线等于一条自动线。但是，三条手工线的维修费是 3M，一条自动线只需 1M 维修费；另外，三条手工线比一条自动线还要多占两个机位，这会大大限制企业产能的扩张。所以，自动线的性价比优于手工线。

### 2．半自动线与自动线比较

两条半自动线等于一条自动线的产能，但两条半自动线买价是 20M，一条自动线的买价是 15M，同时，两条半自动线比一条自动线还要多 1M 折旧费和 1M 维修费，并多占一个机位。所以，自动线的性价比明显优于半自动线。

### 3．柔性线与自动线比较

柔性线与自动线各有千秋，主要区别如表 7-2 所示。

**表 7-2　柔性线与自动线的主要区别**

| 生产线 | 买价 | 转产费 | 残值 | 折旧费 |
|---|---|---|---|---|
| 柔性线 | 20M | 0 | 4M | 4M/年 |
| 自动线 | 15M | 2M | 3M | 3M/年 |

从表 7-2 中可以看出，柔性线的买价比自动线多 5M，柔性线的残值比自动线多 1M，所以总体来看，柔性线比自动线多支付 4M 现金，柔性线总的折旧费比自动线多 4M，权益减少 4M。柔性线的优势在于转产，自动线转产要停工 1 季并支付 2M 转产费，权益减少 2M，由于柔性线的安装周期比自动线多 1 季，所以产能持平，此时自动线还比柔性线多 2M 权益。若自动线第 2 次转产，自动线又要停工 1 季并支付 2M 转产费，权益又减少 2M，此时对权益的影响相同，但柔性线比自动线多一个产能。显然，这种情况下柔性线更合算。

在企业采用多种产品组合模式时，一般应购置 1～2 条柔性线，从而灵活调整交单时间和顺序，尽量避免应收款回收。同时，如果打算购置柔性生产线的话，宜早不宜晚，因为越往后产品转产的概率越低，柔性线的优势得不到发挥，浪费了优质资源同时还增加现金压力。

基于以上分析，我们可以得出结论：自动线性价比最高，是首选生产线；若预计出现两次转产则应考虑使用柔性线，手工线可用来应急。

## （三）生产线建设策略

### 1．生产线开始建设的时点

生产线开始建设的最佳时点应该是保证产品研发与生产线建设投资同期完成。例如，P3

产品研发周期是 6 个季度，自动线安装周期是 3 个季度，如果第一年第一季度开始研发 P3 产品，第一年第四季度开始建设生产 P3 产品的自动线，那么第二年第二季度 P3 产品研发与自动线生产线建设投资恰好同期完成，第二年第三季度上线生产 P3 产品，如表 7-3 所示。

表 7-3　产品研发与生产线建设投资

| 任务 | 第 1 年 | | | | 第 2 年 | | | |
|---|---|---|---|---|---|---|---|---|
| | 1Q | 2Q | 3Q | 4Q | 1Q | 2Q | 3Q | 4Q |
| P3 产品研发 | 1M | 1M | 1M | 1M | 1M | 1M | | |
| 自动线 1 建设 | | | | 5M | 5M | 5M | 投产 | |
| 自动线 2 建设 | | | | 5M | 5M | 5M | 投产 | |
| 自动线 3 建设 | | | | 5M | 5M | 5M | 投产 | |
| 自动线 4 建设 | | | | 5M | 5M | 5M | 投产 | |

### 2．建设产能灵活的生产线

在 ERP 电子沙盘模拟经营第一年，由于竞争对手的情况不明朗，应尽量建设产能灵活的生产线，以便给第二年选单留有余地。接表 7-3 例，如果企业第二年只接到 3 个 P3 产品的订单，那么，第四条自动线就可以延期投资，在第二年第四季度完成投资，这条生产线第二年就不需要支付维修费了，生产线建设进程如表 7-4 所示。

表 7-4　建设产能灵活的生产线

| 任务 | 第 1 年 | | | | 第 2 年 | | | |
|---|---|---|---|---|---|---|---|---|
| | 1Q | 2Q | 3Q | 4Q | 1Q | 2Q | 3Q | 4Q |
| 自动线 1 建设 | | | | 5M | 5M | 5M | 投产 | |
| 自动线 2 建设 | | | | 5M | 5M | 5M | 投产 | |
| 自动线 3 建设 | | | | 5M | 5M | 5M | 投产 | |
| 自动线 4 建设 | | | | 5M | | | 5M | 5M |

## （四）巧用手工生产线

根据生产线的性价比分析，是不是意味着手工线没有任何用途呢？其实不然，手工线有一个重要作用——救火队员。在选单中，有时会遇到订单数量比实际产能多 1 个。如果接下这张订单，有两种方法解决燃眉之急：一是紧急采购一个产品，来弥补产能的不足；二是利用手工线即买即用的特点，在厂房机位有空余的情况下，第一季度买 1 条手工线并投产，可以在第四季度产出 1 个产品，同时将手工线立即出售。手工线出售的损失是 4M，与紧急采购 1 个 P1 产品的损失相同，但比紧急采购 P2、P3、P4 产品要合算得多。当然，利用手工线救急还必须有满足上线生产的原料，若原料也需要紧急采购那就另当别论了。

82

## （五）出售生产线的时机

从权益的角度看，当生产线还剩一期折旧费未计提时，出售生产线是有利的。根据 ERP 沙盘模拟对抗规则："生产线按其残值出售，净值与残值之差计入损失项。"当出售的生产线还剩一期折旧费未计提时，残值变为现金，最后一期折旧费转入了损失，但节省了维修费，提高了权益。例如，企业在某年初有一条半自动线，其净值是 4M。如果不出售该半自动线，那么年末折旧费是 2M，维修费是 1M；如果当年出售该半自动线，那么年末就不需要计提折旧费和支付维修费了，只产生 2M 的损失，与前者相比可以提高 1M 权益，同时还得到 2M 现金。

在手工沙盘模拟经营的前两年，核心问题就是生产线的更新换代，即"换线"。事实上，对于产能较低的手工线和半自动线及时处理，空出的机位可以铺设产能较高的自动线或者柔性线，从权益上讲也是有利的。至于自动线和柔性线，正常情况下不宜出售，只有前两年已建成且在第六年出售才有利于权益的增加。

# 四、营运活动攻略

## （一）"三零"库存原则

### 1．原料零库存

在 ERP 沙盘模拟中，产品的物料清单和原料的采购提前期都是确定的，因此可以通过明确的生产计划，准确地计算出所需原料的种类、数量以及采购时间。例如，P2 产品的物料清单是"R2+R3"构成，假设在第四季度有 1 个 P2 产品要交货，如果是安排自动线生产，那么第三季度就必须上线生产了，此时需要 1 个 R2 原料和 1 个 R3 原料都已入库。由于 R2 采购提前期为一个季度，R3 采购提前期为两个季度，所以需要在第一季度下 1 个 R3 原料订单，在第二季度下 1 个 R2 原料订单。这样，在第三季度上线生产 P2 时刚好有足够的原料，从而保证第四季度 P2 产品完工，按时交货。这是最基本的采购排程，通过精确的排程计算，就可以做到准时制生产（Just In Time，JIT），实现"零库存"的目标。

生产及采购排程的计算方法如表 7-5 所示。

表 7-5　生产及采购排程

| 状态 | | 时间（Q） | | | | | |
|---|---|---|---|---|---|---|---|
| | | 1 | 2 | 3 | 4 | 5 | 6 |
| 手工线 | 开始生产 | | | P2 | | | P2 |
| | 下原料订单 | R3 | R2 | | R3 | R2 | |
| 半自动线 | 开始生产 | | | P2 | | P2 | |
| | 下原料订单 | R3 | R2 | R3 | R2 | | |
| 全自动线 | 开始生产 | | | P2 | P2 | P2 | P2 |
| | 下原料订单 | R3 | R2+R3 | R2+R3 | R2+R3 | R2 | |
| 合计 | 开始生产 | | | 3P2 | 1P2 | 2P2 | 2P2 |
| | 下原料订单 | 3R3 | 3R2+1R3 | 1R2+2R3 | 2R2+2R3 | 2R2 | |

当然，零库存还应符合灵活调整生产安排的要求。在有柔性线或者可能转产的情况下，第一季度需要按照各种生产方案原料需求的最大值购进各种原料。例如，企业有一条柔性线，第一季度需要根据接单情况任意选择生产 P2 产品或者 P3 产品，这样就必须保证生产 P2 和 P3 所需的原料齐全，对于多采购的原料可以在以后各季逐渐消化掉，但年末必须实现零库存。

### 2．产品零库存

企业将产品销售出去，便可取得收入，收回资金。在一定时期内，资金周转越快，就可以利用相同数量的资金生产出更多的产品，取得更多的收入，获得更多的利润。如果企业当年生产出的产品全部销售出去，年末实现产品零库存就说明企业资金周转状况好，资金利用效率高，体现了企业供、产、销的协同。但相对于原料零库存而言，产品零库存难度较大，因为它不仅需要采购与生产的密切衔接，还需要合理的广告投放与选单相配合。

在"竞拍版"电子沙盘模拟经营比赛中，曾有队伍在出现竞拍会的年初有意保留一定的库存产品，这是一种高级战术，它与"扫单"一样，都是在高水平对抗时随机应变的策略，没有固定的规律可循。

### 3．现金零库存

现金是企业的血液，一旦现金断流，企业生产经营活动将无以为继。如果一定要说模拟企业运营中哪个失误最严重、最致命，那就是现金不足了。那么是不是库存现金越多越好呢？答案是否定的。根据会计学知识，资产流动性（变现能力）越强，其盈利性（获利能力）就越差，资产的流动性与盈利性呈反方向变化。现金是流动性最强的资产，但同时又是一种非营利性资产，不能给企业带来任何收益。除非企业的现金已经无处可以投资，否则持有这多的现金而不进行投资是非常不理智的行为。所以，现金管理就是在现金的流动性与营利性之间进行权衡选择的过程。现金管理的核心环节和方法是现金预算管理，编制现金预算要从分析现金流入手，ERP 沙盘模拟涉及的现金流入与流出项目如表 7-6 所示。

### 表 7-6　现金流入与流出项目一览表

| 现金流入项目 | 现金流出项目 |
| --- | --- |
| 1．长贷和短贷 | 1．支付广告费 |
| 2．到期应收款 | 2．支付上年所得税 |
| 3．应收款贴现 | 3．支付贷款利息 |
| 4．厂房贴现 | 4．偿还到期贷款本金 |
| 5．变卖生产线 | 5．原料入库支付现金 |
| 6．出售库存 | 6．厂房买价／租金 |
| | 7．生产线建设投资 |
| | 8．生产线转产费用 |
| | 9．支付工人工资 |
| | 10．产品研发投资 |
| | 11．支付行政管理费 |
| | 12．支付设备维修费 |
| | 13．市场开拓投资 |
| | 14．ISO 认证投资 |
| | 15．其他支出 |

从表 7-6 中不难发现，现金流入项目非常有限，而且其中只有"到期应收款"流入的现金对损溢没有负面影响。长贷、短贷和贴现会增加财务费用，变卖生产线和出售库存也可能产生损失。所以，财务总监必须精打细算，保持现金预算与销售计划、生产计划、采购计划以及投资计划的协调一致。同时，如果市场形势、竞争格局发生改变，现金预算必须动态调整，以适应变化。

在 ERP 沙盘模拟中，只要现金够用，当然是越少越好。每期经营过程中，在现金流入前，使现金余额为零。这样，现金的作用发挥到了极致，但对于初学者不建议这样来做。

## （二）紧急采购的奇效

很多人认为紧急采购会产生较大损失，是亏本买卖，不能用。事实上，如果敢于打破常规思维定式，紧急采购可以发挥出奇兵的作用。例如，通过市场预测我们发现，在第五年和第六年的国际市场上，P1 产品订单的平均单价接近 6M，几乎是 P1 产品成本的 3 倍，个别订单的单价肯定超过 6M，而 P1 产品的紧急采购价格也就是 6M，这意味着即便通过紧急采购来弥补产能不足的部分也是完全可行的。尤其是在"竞拍版"电子沙盘系统中，竞拍会环节允许以产品成本 3 倍的价格参与竞单，如果充分运用紧急采购的奇效，甚至能够后来居上，实现翻盘。

## （三）合理避税

### 1. 利用"向下取整"的计算规则

根据 ERP 沙盘模拟规则，计算出的税金数"向下取整"，我们可以利用这一规则合理"避税"。例如，某年的应税利润是 20M（必须是 4M 的倍数），应交所得税为 5M，可以在当年进行一次贴现操作，主动增加 1M 贴息，计入财务费用，使当年应税利润降为 19M，19×25%=4.75，利用"向下取整"规则就可以减少 1M 的所得税。这样的效果就相当于将 1M 的税金变成了 1M 的财务费用，对于当年权益并没有影响，但通过贴现把应收款提前变成现金，增强了资产的流动性。

### 2. 电子沙盘中所得税计算的特殊问题

在 ERP 电子沙盘中，如果首次达到应该交税的情况，但应税所得小于 4M，计算出的税金小于 1M，按照"向下取整"规则，所得税是零。那么是否真的避税了呢？答案是否定的。如果出现这种情况，当年应税利润要与下一年应税利润合并计算所得税。例如，某企业 1～4 年的税前利润如表 7-7 所示。

表 7-7　某企业 1～4 年的税前利润

| 年份 | 第 1 年 | 第 2 年 | 第 3 年 | 第 4 年 |
|---|---|---|---|---|
| 税前利润 | −11M | 13M | 19M | 19M |

第二年应税所得=−11+13=2M，2×25%=0.5，向下取整，当年应交所得税为 0，但产生了 2M

85

第七章　ERP 沙盘模拟成功之道

应税利润，将和第三年的税前利润一并计算所得税。所以，第三年应交所得税=（19+2）×25%=5.25，向下取整，当年应交所得税为 5M，此为特殊情况，从下一年开始正常处理。第四年应交所得税=19×25%=4.75，向下取整，当年应交所得税为 4M。

# 五、市场营销攻略

## （一）广告投放原则

在 ERP 沙盘模拟中，投放广告是模拟企业年度经营的开始，广告投放策略对于企业本年度的经营成果起着决定性影响。投放广告的目的是为了拿到客户订单，理论上说，广告投放越多，获得订单的机会也越多，但企业的资源是有限的，市场上产品需求数量也是有限的。制订广告投放策略，主要是解决企业准备在哪些市场、哪些产品上投放广告以及投放多少的问题。科学合理的广告投放有助于企业拿到满意的订单而不造成资金的浪费，提高广告收益率和资金使用效率。企业在制订广告投放策略时，应遵循以下原则。

### 1．稳健性原则

稳健性原则就是在认真分析每个市场销售特点及发展趋势的前提下，有目的地投放广告，避免盲目投放广告而造成资金的浪费。企业经营需要理性，不能意气用事，更不能有"赌"的心理。实践证明，在模拟对抗中很多小组由于大肆投放广告费，造成现金流出过多，后续资金不足，从而不得不推迟产品研发、市场开拓以及生产线建设，最终导致产能无法扩张而丧失先前取得的优势。

### 2．准确性原则

准确性原则就是通过对企业自身资源、市场和竞争对手情况等因素的全面分析，力争做到每 1M 广告投入都能收到成效，以最低的广告费支出获得适合企业的订单。准确性原则要求做到以下几点：第一，明确企业每个季度各种产品的生产情况；第二，通过对市场预测的分析，正确估计每个市场不同年份的需求量和订单情况；第三，掌握主要竞争对手的资金与产能情况以及可能采取的策略等，尽量避开竞争激烈的细分市场。

### 3．集中性原则

集中性原则就是当企业采用多种产品组合模式时，应将广告费集中投放在某个市场上，争取"市场老大"地位。在模拟经营后期，五大市场都已逐步打开，广告费则应尽量集中在其中几个有优势的细分市场上。集中性原则也可以理解为广告投放要"狠"，需要强调的是，基于周密计算的"狠"与靠"蛮力"狂砸广告费截然不同，那种狂砸广告费争抢"市场老大"的做法是得不偿失的。经验告诉我们，"市场老大"不是抢出来的，而是做出来的，凡是获得最终胜利的团队，不论开局如何，最后自然是"市场老大"。

### 4．效益性原则

效益性原则就是使投放的广告费产生最大效益。反映广告投放效益的指标是广告投入产出比，广告投入产出比=销售收入÷广告费，也就是单位广告费取得的销售收入，该比率越大，说明广告投放效益越高。在销售数量一定的情况下，销售收入的多少取决于产品单价的高低。

在实践中，很多企业一旦得到某个市场老大地位，便试图把它保持到底，其实这是个误区。因为不同时期的主导产品是不同的，而在同一年份的不同市场上，产品单价却有较大差异。例如，通过市场预测可以发现，第四年 P2 产品在不同市场上的平均单价差距就很大。从效益性原则出发，就要敢于放弃利润空间小的鸡肋市场，而去争夺产品的最高价市场，从而增加企业的收益。

# （二）选单技巧

### 1．抓住广告录入的时机

在选单前，教师端要令各组广告投放数据录入系统，一般会同步展示，以便核实广告录入是否正确。各企业可以利用这个机会，将其他企业的广告投放情况进行记录并加以分析，以便调整选单策略。

例如，某企业分别在区域、国内和亚洲市场上投放了 P3 产品的广告费，通过观察其他企业的广告投放情况，发现亚洲市场只有本企业和另一家企业对 P3 产品投放了广告费，而且本企业是 4M，对方是 3M，又根据市场预测，亚洲市场上 P3 产品至少有 3 张订单，那么，说明本企业在亚洲市场上可以拿两张 P3 产品订单。在这种情况下，企业可以出于价格或其他因素的考虑放弃前面某个市场的选单，而将选单机会重点放在亚洲市场上。如果企业没有做这种分析，就可能与更好的选单机会失之交臂。

### 2．数量、单价与账期的选择

在选单时，经常会遇到令人纠结的情况：数量大的订单往往单价比较低，接下这样的单子毛利率较低，心有不甘；单价高的订单，往往是些数量小的订单，接下这样的单子又担心产品卖不完，造成库存积压。同时，每一张订单的应收款账期各不相同，为了避免贴现，当然要选择账期短的，这与订单的数量、单价又会发生冲突。

在模拟经营前期，市场狭小、产品单一、竞争激烈，企业应以尽可能多地销售产品为目标，选择数量大的订单，单价和账期则放在次要位置考虑；而随着市场开拓和产品研发的逐步完成，选择余地会越来越大。事实上，细分市场可多达 20 个，而每家企业的年生产能力最多只有 40 个产品。在这种情况下，很多时候只要投 1M 广告费就可以"捡到"订单，这时"卖完"已经不是最重要的任务，更多地应该考虑如何"卖好"，如果再一味地"抢大单"显然是不合理了，单价成为选单时考虑的首要因素。

就账期而言，如果企业资金比较紧张，就应选择账期较短的订单；如果企业没有资金困扰的问题，就不需要考虑账期，尽量选择单价和数量合适的订单。

### 3．利用好 ISO 资格优势

如果订单有 ISO 条件限制，而竞争对手的 ISO 资格不全时，应针对竞争对手的劣势，合理利用选单规则挤压对手。例如，假设某市场 P2 产品有 3 张订单，如表 7-8 所示，毛利分别是 10M、11M 和 3M。A 和 B 两个组投放了广告，其中：A 组投放 3M，B 组投放 4M，B 组先选单。A 组拥有 ISO 9000 和 ISO 14000 认证，而 B 组只有 ISO 9000 认证。

表 7-8　某市场 P2 产品订单

| 1 号订单 | | 2 号订单 | | 3 号订单 | |
|---|---|---|---|---|---|
| 数量 | 3 | 数量 | 3 | 数量 | 1 |
| 单价 | 6.4 | 单价 | 6.6 | 单价 | 6 |
| 总额 | 19 | 总额 | 20 | 总额 | 6 |
| 账期 | 2 | 账期 | 3 | 账期 | 2 |
| 条件 | ISO 9000 | 条件 | ISO 14000 | 条件 | |

在第一轮选单时，B 组首先选择了 1 号订单，接下来，如果 A 组选择 2 号订单，那么，剩下的 3 号订单就会被 B 组拿到，这样选单的结果是：A 组获毛利 11M，B 组获毛利 13M。但是，A 组注意到 B 组没有 ISO 14000 认证资格，无权选择 2 号订单，所以在第一轮选单时挑选了 3 号订单，这样就挤掉了 B 组二次选单的机会。在第二轮选单时，B 组只好放弃选单，2 号订单仍归 A 组所有。如此一来，结果逆转——A 组获毛利 14M，而 B 组仅获毛利 10M。在高水平的模拟对抗中，这种差别往往可以影响最终的胜负。

# （三）交单技巧

合理安排好交单顺序，可以在一定程度上缓解资金压力，尽量减少由于应收款贴现而发生的财务费用支出。在选择交单顺序时，应结合企业事先编制的现金预算，计算出在某季度某步骤需要的现金量，使应收款在此节点前到期收现，从而避免贴现，起到"节流"效果，提高所有者权益。

## 1．账期不同

相同数量的两张订单，由于账期不同，交单顺序会直接影响企业的现金回笼情况。在现金暂时无忧的情况下，可以先交账期长的订单，后交账期短的订单；在现金非常紧张、急需现金回笼时，就应先交账期短的订单，以便缓解短期的资金压力，尽可能减少贴现。但是，如果只有靠贴现才能解决现金断流问题时，应考虑先交账期长的订单。

## 2．数量不同

通常情况下，企业在每季能交多少就交多少，尽可能多地交货。有些时候，也可以考虑将产品囤积一个季度，与下季度生产出的产品加起来，交数量大的订单，因为数量大的订单总金额也高。

## 3．总金额不同

如果交单纯粹就是为了贴现以解决现金不足问题，那么根据贴现息向上取整的规则，应以 10M 的倍数进行贴现较为有利（手工沙盘规则）。例如，企业有两张订单，产品、数量均相同但总金额不同，一张订单总金额为 18M，账期为 2Q，另一张订单总金额为 20M，账期为 4Q。假如企业有 12M 的现金缺口，当季必须通过应收款贴现来弥补，这种情况下，从有利于贴现角度考虑，应先交总金额为 20M 的订单。

# 六、结语

"兵无常势，水无常形。"企业管理也是一样，没有"放之四海而皆准"的管理模式。所谓的经验和技巧也都是基于特定背景条件下产生的，需要深刻领会并灵活运用，否则，生搬硬套，只会适得其反。企业经营没有灵丹妙药，市场竞争没有常胜将军，在 ERP 沙盘模拟的竞技场上没有最强，只有更强。多少年风雨历程，多少次巅峰对决，我们从新手成长为疵兵，靠的是一颗不言放弃、血拼到底、永远争胜的心！

## 思考题

1. 什么是资本成本？资本成本在模拟企业投资与融资决策中有何意义？
2. 什么是资本结构？在 ERP 沙盘模拟中如何实现并保持最佳资本结构？
3. 结合你所担任的角色，谈谈该角色必须具备哪些方面的知识、能力与素质。
4. 结合 ERP 沙盘模拟，谈谈你对企业资源展开快与慢的辩证关系的理解，如何实现"步步为营，层层推进，循序展开"这一基本逻辑？
5. 结合 ERP 沙盘模拟经营，谈谈你对经营一家企业的认识与感受。
6. 通过 ERP 沙盘模拟，你得到了哪些收获？准备在哪些方面进行总结？
7. 你们团队准备如何撰写 ERP 沙盘模拟课程报告？

第七章 ERP 沙盘模拟成功之道

# CHAPTER8

# 第八章
# ERP沙盘模拟实战案例

## 一、案例背景

　　本案例是济南大学 ERP 沙盘模拟创业联赛中某团队的实战情况，比赛采用创业者标准版系统经营规则与市场预测，初始现金 60M，模拟运营 5 年，每年度运营规定时间为 45 分钟，根据第五年年末所有者权益高低排名。济南大学 ERP 沙盘模拟创业联赛创办于 2011 年，每届比赛有数百支团队，上千名大学生参与其中，产生了很多经典案例。本案例的特点是采用单 P2 产品模式，流程简捷明快，便于初学者理解掌握，同时，该团队是在开局并不理想的情况下实现后来居上的。

## 二、经营流程

　　该团队在比赛中五年的经营流程如表 8-1～表 8-5 所示。

表 8-1　第一年经营流程

| 第一年 | |
| --- | --- |
| 年初 | 现金 60M，所有者权益 60M |
| 第一季度 | 支付管理费（1M），现金余额 59M |

| 第一年 | |
|---|---|
| 第二季度 | 研发 P2（1M），支付管理费（1M），现金余额 57M |
| 第三季度 | 购买小厂房（30M），新建 3 条自动线生产 P2（15M），研发 P2（1M），支付管理费（1M），现金余额 10M |
| 第四季度 | 申请短贷 20M。<br>下原料订单（3R3），在建 3 条自动线生产 P2（15M），研发 P2（1M），开拓本地市场、区域市场、国内市场、亚洲市场和国际市场（5M），支付管理费（1M），现金余额 8M |
| 年末 | 现金余额 8M，权益 48M，短贷 20M。<br>取得本地市场和区域市场准入资格，下年度总产能为 0～6 个 P2 产品 |
| 点评 | 单 P2 产品模式流程简捷明快，特别是该团队的 P2 产品研发投资采用 3+1 模式，下年度可以根据订单情况进行生产线建设与投产，产能灵活，进退自如 |

表 8-2 第二年经营流程

| 第二年 | |
|---|---|
| 年初 | 投放广告（2M），选单 1 张（区域 3P2-21M-2Q）<br>申请长贷 30M，现金余额 31M |
| 第一季度 | 下原料订单（2R2+1R3），在建 2 条自动线生产 P2（10M），研发 P2（1M），支付管理费（1M），现金余额 19M。<br>取得 P2 产品生产资格 |
| 第二季度 | 小厂房中两条自动线建成。<br>原料入库（2R2+3R3，5M），下原料订单（2R2+2R3），上线生产（2P2，2M），支付管理费（1M），现金余额 11M |
| 第三季度 | 申请短贷 20M。<br>原料入库（2R2+1R3，3M），下原料订单（2R2+2R3），上线生产（2P2，2M），支付管理费（1M），现金余额 25M |
| 第四季度 | 偿还短贷本息（21M），申请短贷 20M。<br>原料入库（2R2+2R3，4M），下原料订单（2R2+3R3），上线生产（2P2，2M），订单交货（3P2-21M-2Q），开拓国内市场、亚洲市场和国际市场（3M），支付维修费（2M），支付管理费（1M），现金余额 12M |
| 年末 | 现金余额 12M，权益 42M，长贷 30M，短贷 40M。<br>取得国内市场准入资格，库存 1 个 P2 产品，下年度总产能为 8～10 个 P2 产品 |
| 点评 | 由于本场比赛中，全部参赛团队都研发了 P2 产品生产资格，所以 P2 选单竞争异常激烈，该团队在订货会本地市场上意外踏空，仅在区域市场取得 1 张订单（3 个 P2），这种开局显然不理想，当然，其灵活建线的优势也初显端倪 |

91

第八章 ERP 沙盘模拟实战案例

**表 8-3　第三年经营流程**

| 第三年 | |
| --- | --- |
| 年初 | 支付长贷利息（3M）。<br>投放广告（9M），选单 4 张（本地 2P2-17-1Q，国内 2P2-17M-2Q，国内 4P2-31M-2Q，国内 2P2-16M-2Q）<br>现金余额 0M |
| 第一季度 | 申请短贷 20M。<br>原料入库（2R2+2R3，4M），下原料订单（3R2+3R3），在建 1 条自动线生产 P2（5M），上线生产（2P2，2M），订单交货（2P2-17M-2Q），支付管理费（1M），现金余额 8M |
| 第二季度 | 小厂房中第 3 条自动线建成。<br>申请短贷 20M。<br>原料入库（3R2+3R3，6M），下原料订单（3R2+3R3），新建 1 条自动线生产 P2（5M），上线生产（3P2，3M），应收款收现 21M，订单交货（2P2-16M-2Q），支付管理费（1M），现金余额 34M |
| 第三季度 | 偿还短贷本息（21M），申请短贷 20M。<br>原料入库（3R2+3R3，6M），下原料订单（3R2+4R3），在建 1 条自动线生产 P2（5M），上线生产（3P2，3M），应收款收现 17M，订单交货（4P2-31M-2Q），支付管理费（1M），现金余额 35M |
| 第四季度 | 偿还短贷本息（21M），申请短贷 20M。<br>原料入库（3R2+3R3，6M），下原料订单（4R2+4R3），在建 1 条自动线生产 P2（5M），上线生产（3P2，3M），应收款收现 16M，订单交货（2P2-17M-1Q），开拓亚洲市场和国际市场（2M），ISO 9000 认证（1M），支付维修费（3M），支付管理费（1M），现金余额 29M |
| 年末 | 现金余额 29M，权益 63M，长贷 30M，短贷 80M。<br>取得亚洲市场准入资格，库存 1 个 P2 产品，下年度总产能为 15 个 P2 产品 |
| 点评 | 在不利情况下，团队成员冷静分析对手的资源配置与市场趋势，果断放弃区域市场，把广告重点投放于国内市场（6M），并在国内市场如愿实现 3 次选单，本年订货会上共拿到 4 张订单（10 个 P2），所有者权益实现了较大提升。在年初任务完成后，现金库存恰好为零，这一细节也反映出该团队的预算比较精细 |

**表 8-4　第四年经营流程**

| 第四年 | |
| --- | --- |
| 年初 | 支付长贷利息（3M）。<br>投放广告（11M），选单 6 张（本地 2P2-17-2Q，国内 2P2-15M-3Q，国内 3P2-25M-3Q，国内 3P2 加急-23M-0Q，亚洲 3P2-21-2Q，亚洲 3P2-22-3Q）<br>申请长贷 10M，现金余额 25M |
| 第一季度 | 小厂房中第四条自动线建成。<br>偿还短贷本息（21M），申请短贷 20M。<br>原料入库（4R2+4R3，8M），下原料订单（4R2+4R3），上线生产（4P2，4M），应收款收现 48M，订单交货（3P2-23M-0Q）收现 23M，支付管理费（1M），现金余额 82M |

| 第四年 | |
|---|---|
| 第二季度 | 偿还短贷本息（21M）。<br>原料入库（4R2+4R3，8M），下原料订单（4R2+4R3），上线生产（4P2，4M），订单交货（3P2-21M-2Q，2P2-17M-2Q），支付管理费（1M），现金余额48M |
| 第三季度 | 偿还短贷本息（21M），申请短贷80M。<br>原料入库（4R2+4R3，8M），下原料订单（4R2+4R3），购买大厂房（40M），新建6条自动线生产P2（30M），上线生产（4P2，4M），订单交货（3P2-26M-3Q），支付管理费（1M），现金余额24M |
| 第四季度 | 偿还短贷本息（21M），申请短贷40M。<br>原料入库（4R2+4R3，8M），下原料订单（4R2+10R3），在建6条自动线生产P2（30M），上线生产（4P2，4M），应收款收现38M，订单交货（3P2-22M-3Q，2P2-15M-3Q），开拓国际市场（1M），ISO 9000认证（1M），支付维修费（4M），支付管理费（1M），现金余额32M |
| 年末 | 现金余额32M，权益92M，长贷40M，短贷140M，应交所得税10M。<br>取得国际市场准入资格和ISO 9000资格，下年度总产能为16～28个P2产品 |
| 点评 | 在第三季度购买了大厂房并新建6条自动生产线，只要生产线顺利铺满，则胜利在望了。不足是生产线发展策略有迟缓，按照资金情况完全有能力第二季度开始逐步建线，这样最后一年权益的上升幅度会更大。另外，通常情况厂房可以考虑先采用租赁方式取得，最后一年租转买，充分发挥财务杠杆的效应，同时，由于单季贷款额过大，也导致了最后一年发生了一次应收款贴现，当然，根据现场实战的进程，这点出入显然与胜负无关了，所以该团队走最简明的流程也无可厚非 |

表8-5 第五年经营流程

| 第五年 | |
|---|---|
| 年初 | 支付长贷利息（4M），支付所得税（10M）。<br>投放广告（5M），选单9张（本地2P2-16-3Q，本地4P2-31-2Q，区域2P2-15-2Q，国内3P2-21M-2Q，国内4P2-27M-3Q，亚洲3P2-20M-2Q，国际2P2-14-3Q，国际4P2-28-1Q，国际4P2-23-1Q）<br>申请长贷30M，现金余额33M |
| 第一季度 | 偿还短贷本息（21M），申请短贷80M。<br>原料入库（4R2+4R3，8M），下原料订单（10R2+10R3），在建6条自动线生产P2（30M），上线生产（10P2，4M），订单交货（4P2-28M-1Q），支付管理费（1M），现金余额49M |
| 第二季度 | 大厂房中6条自动线建成。<br>原料入库（10R2+10R3，20M），下原料订单（10R2），上线生产（10P2，10M），应收款收现54M，订单交货（4P2-28M-1Q），支付管理费（1M），应收款贴现得现金18M（20M-1Q），现金余额90M |
| 第三季度 | 偿还短贷本息（84M），申请短贷80M。<br>原料入库（10R2+10R3，20M），上线生产（10P2，10M），应收款收现45M，订单交货（2P2-16M-3Q，4P2-31M-2Q，4P2-27M-3Q），支付管理费（1M），现金余额100M |

续表

| | 第五年 | |
|---|---|---|
| 第四季度 | 偿还短贷本息（42M），申请短贷 40M。<br>订单交货（2P2-15M-2Q，3P2-21M-2Q，3P2-20M-2Q，2P2-14M-3Q），支付维修费（10M），<br>支付管理费（1M），现金余额 87M | |
| 年末 | 所有者权益 139M | |
| 点评 | 最后一年，根据模拟经营的特殊性，该团队满额贷款，确保现金充足，最终拥有两个厂房，十条生产线，资源流畅展开，所有者权益 139M，尽管这个数字不算太高，但足以在比赛中脱颖而出了，事实上，在最后一年选单结束的那一刻就已经没有悬念了 | |

# 三、经营报表

该团队生产线信息如表 8-6 所示。

表 8-6  生产线信息

| 序号 | 厂房 | 产品 | 类型 | 状态 | 累计投资 | 开建时间 | 建成时间 |
|---|---|---|---|---|---|---|---|
| 1 | 小厂房 | P2 | 自动线 | 可用 | 15M | 13 | 22 |
| 2 | 小厂房 | P2 | 自动线 | 可用 | 15M | 13 | 22 |
| 3 | 小厂房 | P2 | 自动线 | 可用 | 15M | 13 | 32 |
| 4 | 小厂房 | P2 | 自动线 | 可用 | 15M | 32 | 41 |
| 5 | 大厂房 | P2 | 自动线 | 可用 | 15M | 43 | 52 |
| 6 | 大厂房 | P2 | 自动线 | 可用 | 15M | 43 | 52 |
| 7 | 大厂房 | P2 | 自动线 | 可用 | 15M | 43 | 52 |
| 8 | 大厂房 | P2 | 自动线 | 可用 | 15M | 43 | 52 |
| 9 | 大厂房 | P2 | 自动线 | 可用 | 15M | 43 | 52 |
| 10 | 大厂房 | P2 | 自动线 | 可用 | 15M | 43 | 52 |

该团队的会计报表如表 8-7～表 8-9 所示。

表 8-7  综合费用表

| 项目／年度 | 第 1 年 | 第 2 年 | 第 3 年 | 第 4 年 | 第 5 年 |
|---|---|---|---|---|---|
| 管理费 | 4 | 4 | 4 | 4 | 4 |
| 广告费 | 0 | 7 | 9 | 11 | 15 |
| 维修费 | 0 | 2 | 3 | 4 | 10 |
| 损失 | 0 | 0 | 0 | 0 | 0 |
| 转产费 | 0 | 0 | 0 | 0 | 0 |
| 厂房租金 | 0 | 0 | 0 | 0 | 0 |
| 新市场开拓 | 5 | 3 | 2 | 1 | 0 |
| ISO 资格认证 | 0 | 0 | 1 | 1 | 0 |
| 产品研发 | 3 | 1 | 0 | 0 | 0 |
| 信息费 | 0 | 0 | 0 | 0 | 0 |
| 合计 | 12 | 17 | 19 | 21 | 29 |

表 8-8　利润表

| 项目／年度 | 第 1 年 | 第 2 年 | 第 3 年 | 第 4 年 | 第 5 年 |
|---|---|---|---|---|---|
| 销售收入 | 0 | 21 | 81 | 124 | 200 |
| 直接成本 | 0 | 9 | 30 | 48 | 84 |
| 毛利 | 0 | 12 | 51 | 76 | 116 |
| 综合费用 | 12 | 17 | 19 | 21 | 29 |
| 折旧前利润 | −12 | −5 | 32 | 55 | 87 |
| 折旧 | 0 | 0 | 6 | 9 | 12 |
| 支付利息前利润 | −12 | −5 | 26 | 46 | 75 |
| 财务费用 | 0 | 1 | 5 | 7 | 13 |
| 税前利润 | −12 | −6 | 21 | 39 | 62 |
| 所得税 | 0 | 0 | 0 | 10 | 15 |
| 年度净利润 | −12 | −6 | 21 | 29 | 47 |

表 8-9　资产负债表

| 项目／年度 | 第 1 年 | 第 2 年 | 第 3 年 | 第 4 年 | 第 5 年 |
|---|---|---|---|---|---|
| 现金 | 8 | 12 | 29 | 32 | 87 |
| 应收款 | 0 | 21 | 48 | 63 | 144 |
| 在制品 | 0 | 6 | 9 | 12 | 0 |
| 产成品 | 0 | 3 | 3 | 0 | 0 |
| 原料 | 0 | 0 | 0 | 0 | 0 |
| 流动资产合计 | 8 | 42 | 89 | 107 | 231 |
| 厂房 | 30 | 30 | 30 | 70 | 70 |
| 机器设备 | 0 | 30 | 39 | 45 | 123 |
| 在建工程 | 30 | 10 | 15 | 60 | 0 |
| 固定资产合计 | 60 | 70 | 84 | 175 | 193 |
| 资产总计 | 68 | 112 | 173 | 282 | 424 |
| 长期负债 | 0 | 30 | 30 | 40 | 70 |
| 短期负债 | 20 | 40 | 80 | 140 | 200 |
| 所得税 | 0 | 0 | 0 | 10 | 15 |
| 负债合计 | 20 | 70 | 110 | 190 | 285 |
| 股东资本 | 60 | 60 | 60 | 60 | 60 |
| 利润留存 | 0 | −12 | −18 | 3 | 32 |
| 年度净利 | −12 | −6 | 21 | 29 | 47 |
| 所有者权益合计 | 48 | 42 | 63 | 92 | 139 |
| 负债和所有者权益总计 | 68 | 112 | 173 | 282 | 424 |

# 四、案例点评

① 在建工程数据 30→10→15→60，维修费数据 2→3→4→10，说明生产线的展开量力而行、有序推进。

② 广告费数据 7→9→11→15，说明广告投放随着产能提升与市场扩张逐步加大。

③ 现金存量比较合理，资产的流动性与收益性比较均衡。

④ 在开局阶段市场过挤，导致有 1 个 P2 产品库存，进入中盘后实现了产品"零库存"，而原料则始终保持"零库存"，存货的规划及控制比较理想，存货周转率高。

⑤ 从第三年开始满额贷款，充分发挥财务杠杆的效应，而且贷款结构比较合理，保持"长短结合、以短为主"的结构。

总体来看，该团队报表数据充分展示了"步步为营，层层推进，循序展开"的基本逻辑，尽管小的失误不可避免，但瑕不掩瑜。更为可贵的是，该团队在比赛中始终心态平和，精力集中，主操作选手执行果断，这方面非常值得借鉴。很多团队的经营失败，往往不是方案本身的问题，而是团队的执行力不够，方案无法落地，正所谓"没有不行的方案，只有不行的人"，尤其是心理素质不过硬，落后时缺乏韧性，领先时更容易心态失衡，无法将优势转化为胜势。

# CHAPTER9

## 第九章
## ERP沙盘模拟实战手册

## 第 0 年 CEO 经营记录

| 请按顺序执行下列各项操作。每执行完一项操作，CEO 在相应的方格内打钩。 | | | | |
|---|---|---|---|---|
| 1. 新年度规划会议 | | | | |
| 2. 投放广告 | | | | |
| 3. 参加订货会选单 / 登记订单 | | | | |
| 4. 支付上年所得税 | | | | |
| 5. 支付长期贷款利息 | | | | |
| 6. 更新长期贷款 / 长期贷款还本 | | | | |
| 7. 申请长期贷款 | | | | |
| 8. 季初盘点 | 一季度 | 二季度 | 三季度 | 四季度 |
| 9. 更新短期贷款 / 短期贷款还本付息 | | | | |
| 10. 申请短期贷款 | | | | |
| 11. 原料入库 / 更新原料订单 | | | | |
| 12. 下原料订单 | | | | |
| 13. 购买 / 租用厂房 | | | | |
| 14. 更新生产 / 完工入库 | | | | |
| 15. 新建 / 在建 / 转产 / 变卖生产线 | | | | |
| 16. 开始下一批生产 | | | | |
| 17. 更新应收款 / 应收款收现 | | | | |
| 18. 按订单交货 | | | | |
| 19. 产品研发投资 | | | | |
| 20. 厂房处理 | | | | |
| 21. 支付行政管理费 | | | | |
| 22. 支付厂房租金（续租） | | | | |
| 23. 紧急融资 / 紧急采购 | | | | |
| 24. 支付设备维修费 | | | | |
| 25. 计提折旧 | | | | |
| 26. 新市场开拓 / ISO 认证投资 | | | | |
| 27. 缴纳违约订单罚款 | | | | |
| 28. 现金收入合计 | | | | |
| 29. 现金支出合计 | | | | |
| 30. 期末对账 | | | | |

## 第 1 年 CEO 经营记录

| 请按顺序执行下列各项操作。每执行完一项操作，CEO 在相应的方格内打钩。 | | | | |
|---|---|---|---|---|
| 1. 新年度规划会议 | | | | |
| 2. 投放广告 | | | | |
| 3. 参加订货会选单 / 登记订单 | | | | |
| 4. 支付上年所得税 | | | | |
| 5. 支付长期贷款利息 | | | | |
| 6. 更新长期贷款 / 长期贷款还本 | | | | |
| 7. 申请长期贷款 | | | | |
| 8. 季初盘点 | 一季度 | 二季度 | 三季度 | 四季度 |
| 9. 更新短期贷款 / 短期贷款还本付息 | | | | |
| 10. 申请短期贷款 | | | | |
| 11. 原料入库 / 更新原料订单 | | | | |
| 12. 下原料订单 | | | | |
| 13. 购买 / 租用厂房 | | | | |
| 14. 更新生产 / 完工入库 | | | | |
| 15. 新建 / 在建 / 转产 / 变卖生产线 | | | | |
| 16. 开始下一批生产 | | | | |
| 17. 更新应收款 / 应收款贴现 | | | | |
| 18. 按订单交货 | | | | |
| 19. 产品研发投资 | | | | |
| 20. 厂房处理 | | | | |
| 21. 支付行政管理费 | | | | |
| 22. 支付厂房租金（续租） | | | | |
| 23. 紧急融资 / 紧急采购 | | | | |
| 24. 支付设备维修费 | | | | |
| 25. 计提折旧 | | | | |
| 26. 新市场开拓 / ISO 认证投资 | | | | |
| 27. 缴纳违约订单罚款 | | | | |
| 28. 现金收入合计 | | | | |
| 29. 现金支出合计 | | | | |
| 30. 期末对账 | | | | |

组号：

## 第 2 年 CEO 经营记录

| 请按顺序执行下列各项操作。每执行完一项操作，CEO 在相应的方格内打钩。 | | | | |
|---|---|---|---|---|
| 1. 新年度规划会议 | | | | |
| 2. 投放广告 | | | | |
| 3. 参加订货会选单 / 登记订单 | | | | |
| 4. 支付上年所得税 | | | | |
| 5. 支付长期贷款利息 | | | | |
| 6. 更新长期贷款 / 长期贷款还本 | | | | |
| 7. 申请长期贷款 | | | | |
| 8. 季初盘点 | 一季度 | 二季度 | 三季度 | 四季度 |
| 9. 更新短期贷款 / 短期贷款还本付息 | | | | |
| 10. 申请短期贷款 | | | | |
| 11. 原料入库 / 更新原料订单 | | | | |
| 12. 下原料订单 | | | | |
| 13. 购买 / 租用厂房 | | | | |
| 14. 更新生产 / 完工入库 | | | | |
| 15. 新建 / 在建 / 转产 / 变卖生产线 | | | | |
| 16. 开始下一批生产 | | | | |
| 17. 更新应收款 / 应收款收现 | | | | |
| 18. 按订单交货 | | | | |
| 19. 产品研发投资 | | | | |
| 20. 厂房处理 | | | | |
| 21. 支付行政管理费 | | | | |
| 22. 支付厂房租金（续租） | | | | |
| 23. 紧急融资 / 紧急采购 | | | | |
| 24. 支付设备维修费 | | | | |
| 25. 计提折旧 | | | | |
| 26. 新市场开拓 / ISO 认证投资 | | | | |
| 27. 缴纳违约订单罚款 | | | | |
| 28. 现金收入合计 | | | | |
| 29. 现金支出合计 | | | | |
| 30. 期末对账 | | | | |

## 第 3 年 CEO 经营记录

| 请按顺序执行下列各项操作。每执行完一项操作，CEO 在相应的方格内打钩。 | | | | |
|---|---|---|---|---|
| 1. 新年度规划会议 | | | | |
| 2. 投放广告 | | | | |
| 3. 参加订货会选单 / 登记订单 | | | | |
| 4. 支付上年所得税 | | | | |
| 5. 支付长期贷款利息 | | | | |
| 6. 更新长期贷款 / 长期贷款还本 | | | | |
| 7. 申请长期贷款 | | | | |
| 8. 季初盘点 | 一季度 | 二季度 | 三季度 | 四季度 |
| | | | | |
| 9. 更新短期贷款 / 短期贷款还本付息 | | | | |
| 10. 申请短期贷款 | | | | |
| 11. 原料入库 / 更新原料订单 | | | | |
| 12. 下原料订单 | | | | |
| 13. 购买 / 租用厂房 | | | | |
| 14. 更新生产 / 完工入库 | | | | |
| 15. 新建 / 在建 / 转产 / 变卖生产线 | | | | |
| 16. 开始下一批生产 | | | | |
| 17. 更新应收款 / 应收款变现 | | | | |
| 18. 按订单交货 | | | | |
| 19. 产品研发投资 | | | | |
| 20. 厂房处理 | | | | |
| 21. 支付行政管理费 | | | | |
| 22. 支付厂房租金（续租） | | | | |
| 23. 紧急融资 / 紧急采购 | | | | |
| 24. 支付设备维修费 | | | | |
| 25. 计提折旧 | | | | |
| 26. 新市场开拓 / ISO 认证投资 | | | | |
| 27. 缴纳违约订单罚款 | | | | |
| 28. 现金收入合计 | | | | |
| 29. 现金支出合计 | | | | |
| 30. 期末对账 | | | | |

第九章 ERP 沙盘模拟实战手册

## 第 4 年 CEO 经营记录

| 请按顺序执行下列各项操作。每执行完一项操作，CEO 在相应的方格内打钩。 | | | | |
|---|---|---|---|---|
| 1. 新年度规划会议 | | | | |
| 2. 投放广告 | | | | |
| 3. 参加订货会选单 / 登记订单 | | | | |
| 4. 支付上年所得税 | | | | |
| 5. 支付长期贷款利息 | | | | |
| 6. 更新长期贷款 / 长期贷款还本 | | | | |
| 7. 申请长期贷款 | | | | |
| 8. 季初盘点 | 一季度 | 二季度 | 三季度 | 四季度 |
| 9. 更新短期贷款 / 短期贷款还本付息 | | | | |
| 10. 申请短期贷款 | | | | |
| 11. 原料入库 / 更新原料订单 | | | | |
| 12. 下原料订单 | | | | |
| 13. 购买 / 租用厂房 | | | | |
| 14. 更新生产 / 完工入库 | | | | |
| 15. 新建 / 在建 / 转产 / 变卖生产线 | | | | |
| 16. 开始下一批生产 | | | | |
| 17. 更新应收款 / 应收款收现 | | | | |
| 18. 按订单交货 | | | | |
| 19. 产品研发投资 | | | | |
| 20. 厂房处理 | | | | |
| 21. 支付行政管理费 | | | | |
| 22. 支付厂房租金（续租） | | | | |
| 23. 紧急融资 / 紧急采购 | | | | |
| 24. 支付设备维修费 | | | | |
| 25. 计提折旧 | | | | |
| 26. 新市场开拓 / ISO 认证投资 | | | | |
| 27. 缴纳违约订单罚款 | | | | |
| 28. 现金收入合计 | | | | |
| 29. 现金支出合计 | | | | |
| 30. 期末对账 | | | | |

## 第 5 年 CEO 经营记录

| 请按顺序执行下列各项操作。每执行完一项操作，CEO 在相应的方格内打钩。 | | | | |
|---|---|---|---|---|
| 1. 新年度规划会议 | | | | |
| 2. 投放广告 | | | | |
| 3. 参加订货会选单 / 登记订单 | | | | |
| 4. 支付上年所得税 | | | | |
| 5. 支付长期贷款利息 | | | | |
| 6. 更新长期贷款，长期贷款还本 | | | | |
| 7. 申请长期贷款 | | | | |
| 8. 季初盘点 | 一季度 | 二季度 | 三季度 | 四季度 |
| | | | | |
| 9. 更新短期贷款，短期贷款还本付息 | | | | |
| 10. 申请短期贷款 | | | | |
| 11. 原料入库 / 更新原料订单 | | | | |
| 12. 下原料订单 | | | | |
| 13. 购买 / 租用厂房 | | | | |
| 14. 更新生产 / 完工入库 | | | | |
| 15. 新建 / 在建 / 转产 / 变卖生产线 | | | | |
| 16. 开始下一批生产 | | | | |
| 17. 更新应收款 / 应收款收回 | | | | |
| 18. 按订单交货 | | | | |
| 19. 产品研发投资 | | | | |
| 20. 厂房处理 | | | | |
| 21. 支付行政管理费 | | | | |
| 22. 支付厂房租金（续租） | | | | |
| 23. 紧急融资 / 紧急采购 | | | | |
| 24. 支付设备维修费 | | | | |
| 25. 计提折旧 | | | | |
| 26. 新市场开拓 / ISO 认证投资 | | | | |
| 27. 缴纳违约订单罚款 | | | | |
| 28. 现金收入合计 | | | | |
| 29. 现金支出合计 | | | | |
| 30. 期末对账 | | | | |

## 第 6 年 CEO 经营记录

| 请按顺序执行下列各项操作。每执行完一项操作，CEO 在相应的方格内打钩。 | | | |
|---|---|---|---|
| 1. 新年度规划会议 | | | |
| 2. 投放广告 | | | |
| 3. 参加订货会选单 / 登记订单 | | | |
| 4. 支付上年所得税 | | | |
| 5. 支付长期贷款利息 | | | |
| 6. 更新长期贷款 / 长期贷款还本 | | | |
| 7. 申请长期贷款 | | | |
| 8. 季初盘点 | 一季度 | 二季度 | 三季度 | 四季度 |
| 9. 更新短期贷款 / 短期贷款还本付息 | | | | |
| 10. 申请短期贷款 | | | | |
| 11. 原料入库 / 更新原料订单 | | | | |
| 12. 下原料订单 | | | | |
| 13. 购买 / 租用厂房 | | | | |
| 14. 更新生产 / 完工入库 | | | | |
| 15. 新建 / 在建 / 转产 / 变卖生产线 | | | | |
| 16. 开始下一批生产 | | | | |
| 17. 更新应收款 / 应收款收现 | | | | |
| 18. 按订单交货 | | | | |
| 19. 产品研发投资 | | | | |
| 20. 厂房处理 | | | | |
| 21. 支付行政管理费 | | | | |
| 22. 支付厂房租金（续租） | | | | |
| 23. 紧急融资 / 紧急采购 | | | | |
| 24. 支付设备维修费 | | | | |
| 25. 计提折旧 | | | | |
| 26. 新市场开拓 / ISO 认证投资 | | | | |
| 27. 缴纳违约订单罚款 | | | | |
| 28. 现金收入合计 | | | | |
| 29. 现金支出合计 | | | | |
| 30. 期末对账 | | | | |

广告费登记表

| | | 第 0 年 | 第 1 年 | 第 2 年 | 第 3 年 | 第 4 年 | 第 5 年 | 第 6 年 |
|---|---|---|---|---|---|---|---|---|
| 本地市场 | P1 | | | | | | | |
| | P2 | | | | | | | |
| | P3 | | | | | | | |
| | P4 | | | | | | | |
| 区域市场 | P1 | | | | | | | |
| | P2 | | | | | | | |
| | P3 | | | | | | | |
| | P4 | | | | | | | |
| 国内市场 | P1 | | | | | | | |
| | P2 | | | | | | | |
| | P3 | | | | | | | |
| | P4 | | | | | | | |
| 亚洲市场 | P1 | | | | | | | |
| | P2 | | | | | | | |
| | P3 | | | | | | | |
| | P4 | | | | | | | |
| 国际市场 | P1 | | | | | | | |
| | P2 | | | | | | | |
| | P3 | | | | | | | |
| | P4 | | | | | | | |

## 订单登记表

| 年度 | 订单号 | 市场 | 产品 | 数量 | 交货期 | 账期 | 销售额 | 成本 | 毛利 | 备注 |
|------|--------|------|------|------|--------|------|--------|------|------|------|
|      |        |      |      |      |        |      |        |      |      |      |
|      |        |      |      |      |        |      |        |      |      |      |
|      |        |      |      |      |        |      |        |      |      |      |
|      |        |      |      |      |        |      |        |      |      |      |
|      |        |      |      |      |        |      |        |      |      |      |
|      |        |      |      |      |        |      |        |      |      |      |
|      |        |      |      |      |        |      |        |      |      |      |
|      |        |      |      |      |        |      |        |      |      |      |
|      |        |      |      |      |        |      |        |      |      |      |
|      |        |      |      |      |        |      |        |      |      |      |
|      |        |      |      |      |        |      |        |      |      |      |
|      |        |      |      |      |        |      |        |      |      |      |
|      |        |      |      |      |        |      |        |      |      |      |
|      |        |      |      |      |        |      |        |      |      |      |
|      |        |      |      |      |        |      |        |      |      |      |
|      |        |      |      |      |        |      |        |      |      |      |
|      |        |      |      |      |        |      |        |      |      |      |
|      |        |      |      |      |        |      |        |      |      |      |
|      |        |      |      |      |        |      |        |      |      |      |
|      |        |      |      |      |        |      |        |      |      |      |
|      |        |      |      |      |        |      |        |      |      |      |
|      |        |      |      |      |        |      |        |      |      |      |
|      |        |      |      |      |        |      |        |      |      |      |
|      |        |      |      |      |        |      |        |      |      |      |

应收款明细表

| 订单信息 | | | | | | | 交货 | | 收现 | | 贴现 | | | | √ |
|---|---|---|---|---|---|---|---|---|---|---|---|---|---|---|---|
| 年 | 订单号 | 产品 | 数量 | 交货期 | 账期 | 金额 | 年 | 季 | 年 | 季 | 年 | 季 | 金额 | 贴息 | |
| | | | | | | | | | | | | | | | |
| | | | | | | | | | | | | | | | |
| | | | | | | | | | | | | | | | |
| | | | | | | | | | | | | | | | |
| | | | | | | | | | | | | | | | |
| | | | | | | | | | | | | | | | |
| | | | | | | | | | | | | | | | |
| | | | | | | | | | | | | | | | |
| | | | | | | | | | | | | | | | |
| | | | | | | | | | | | | | | | |
| | | | | | | | | | | | | | | | |
| | | | | | | | | | | | | | | | |
| | | | | | | | | | | | | | | | |
| | | | | | | | | | | | | | | | |
| | | | | | | | | | | | | | | | |
| | | | | | | | | | | | | | | | |
| | | | | | | | | | | | | | | | |
| | | | | | | | | | | | | | | | |
| | | | | | | | | | | | | | | | |
| | | | | | | | | | | | | | | | |
| | | | | | | | | | | | | | | | |
| | | | | | | | | | | | | | | | |
| | | | | | | | | | | | | | | | |
| | | | | | | | | | | | | | | | |
| | | | | | | | | | | | | | | | |

## 产品销售汇总表

| 年度 | 产品 | P1 | P2 | P3 | P4 | 合计 |
|---|---|---|---|---|---|---|
| 第 0 年 | 数量 | | | | | |
| | 销售额 | | | | | |
| | 成本 | | | | | |
| | 毛利 | | | | | |
| 第 1 年 | 数量 | | | | | |
| | 销售额 | | | | | |
| | 成本 | | | | | |
| | 毛利 | | | | | |
| 第 2 年 | 数量 | | | | | |
| | 销售额 | | | | | |
| | 成本 | | | | | |
| | 毛利 | | | | | |
| 第 3 年 | 数量 | | | | | |
| | 销售额 | | | | | |
| | 成本 | | | | | |
| | 毛利 | | | | | |
| 第 4 年 | 数量 | | | | | |
| | 销售额 | | | | | |
| | 成本 | | | | | |
| | 毛利 | | | | | |
| 第 5 年 | 数量 | | | | | |
| | 销售额 | | | | | |
| | 成本 | | | | | |
| | 毛利 | | | | | |
| 第 6 年 | 数量 | | | | | |
| | 销售额 | | | | | |
| | 成本 | | | | | |
| | 毛利 | | | | | |

### 三项开发投资明细表

#### （一）产品研发登记表

| 年度 | 第1年 | 第2年 | 第3年 | 第4年 | 第5年 | 第6年 | 累计投资 | 完成 |
|---|---|---|---|---|---|---|---|---|
| P2 | | | | | | | | |
| P3 | | | | | | | | |
| P4 | | | | | | | | |

#### （二）市场开拓登记表

| 年度 | 第1年 | 第2年 | 第3年 | 第4年 | 第5年 | 第6年 | 累计投资 | 完成 |
|---|---|---|---|---|---|---|---|---|
| 区域市场 | | | | | | | | |
| 国内市场 | | | | | | | | |
| 亚洲市场 | | | | | | | | |
| 国际市场 | | | | | | | | |

#### （三）ISO 认证登记表

| 年度 | 第1年 | 第2年 | 第3年 | 第4年 | 第5年 | 第6年 | 累计投资 | 完成 |
|---|---|---|---|---|---|---|---|---|
| ISO 9000 | | | | | | | | |
| ISO 14000 | | | | | | | | |

ERP 沙盘模拟实战

110

## 第 0 年采购总监经营记录

| 请按顺序执行下列各项操作。采购总监在方格内填写原料订购、入库及耗用情况。 | | | | | | | | | | | | | | | | |
|---|---|---|---|---|---|---|---|---|---|---|---|---|---|---|---|---|
| 1. 新年度规划会议 | | | | | | | | | | | | | | | | |
| 2. 投放广告 | | | | | | | | | | | | | | | | |
| 3. 参加订货会选单 / 登记订单 | | | | | | | | | | | | | | | | |
| 4. 支付上年所得税 | | | | | | | | | | | | | | | | |
| 5. 支付长期贷款利息 | | | | | | | | | | | | | | | | |
| 6. 更新长期贷款 / 长期贷款还本 | | | | | | | | | | | | | | | | |
| 7. 申请长期贷款 | | | | | | | | | | | | | | | | |
| 8. 季初原料盘点（填写数量） | 一季度 | | | | 二季度 | | | | 三季度 | | | | 四季度 | | | |
| | R1 | R2 | R3 | R4 | R1 | R2 | R3 | R4 | R1 | R2 | R3 | R4 | R1 | R2 | R3 | R4 |
| | | | | | | | | | | | | | | | | |
| 9. 更新短贷 / 短贷还本付息 | | | | | | | | | | | | | | | | |
| 10. 申请短期贷款 | | | | | | | | | | | | | | | | |
| 11. 原料入库 / 更新原料订单 | | | | | | | | | | | | | | | | |
| 12. 下原料订单 | | | | | | | | | | | | | | | | |
| 13. 购买 / 租用厂房 | | | | | | | | | | | | | | | | |
| 14. 更新生产 / 完工入库 | | | | | | | | | | | | | | | | |
| 15. 新建 / 在建 / 转产 / 变卖生产线 | | | | | | | | | | | | | | | | |
| 16. 开始下一批生产 | | | | | | | | | | | | | | | | |
| 17. 更新应收款 / 应收款收现 | | | | | | | | | | | | | | | | |
| 18. 按订单交货 | | | | | | | | | | | | | | | | |
| 19. 产品研发投资 | | | | | | | | | | | | | | | | |
| 20. 厂房处理 | | | | | | | | | | | | | | | | |
| 21. 支付行政管理费 | | | | | | | | | | | | | | | | |
| 22. 支付厂房租金（续租） | | | | | | | | | | | | | | | | |
| 23. 紧急融资 / 紧急采购 | | | | | | | | | | | | | | | | |
| 24. 支付设备维修费 | | | | | | | | | | | | | | | | |
| 25. 计提折旧 | | | | | | | | | | | | | | | | |
| 26. 新市场开拓 / ISO 认证投资 | | | | | | | | | | | | | | | | |
| 27. 缴纳违约订单罚款 | | | | | | | | | | | | | | | | |
| 28. 原料入库合计 | | | | | | | | | | | | | | | | |
| 29. 原料出库合计 | | | | | | | | | | | | | | | | |
| 30. 期末原料对账 | | | | | | | | | | | | | | | | |

## 第 1 年采购总监经营记录

| 请按顺序执行下列各项操作。采购总监在方格内填写原料订购、入库及耗用情况。 | | | | | | | | | | | | | | | | | |
|---|---|---|---|---|---|---|---|---|---|---|---|---|---|---|---|---|---|
| 1. 新年度规划会议 | | | | | | | | | | | | | | | | | |
| 2. 投放广告 | | | | | | | | | | | | | | | | | |
| 3. 参加订货会选单 / 登记订单 | | | | | | | | | | | | | | | | | |
| 4. 支付上年所得税 | | | | | | | | | | | | | | | | | |
| 5. 支付长期贷款利息 | | | | | | | | | | | | | | | | | |
| 6. 更新长期贷款 / 长期贷款还本 | | | | | | | | | | | | | | | | | |
| 7. 申请长期贷款 | | | | | | | | | | | | | | | | | |
| 8. 季初原料盘点（填写数量） | 一季度 | | | | 二季度 | | | | 三季度 | | | | 四季度 | | | | |
|  | R1 | R2 | R3 | R4 | R1 | R2 | R3 | R4 | R1 | R2 | R3 | R4 | R1 | R2 | R3 | R4 |
| 9. 更新短贷 / 短贷还本付息 | | | | | | | | | | | | | | | | |
| 10. 申请短期贷款 | | | | | | | | | | | | | | | | |
| 11. 原料入库 / 更新原料订单 | | | | | | | | | | | | | | | | |
| 12. 下原料订单 | | | | | | | | | | | | | | | | |
| 13. 购买 / 租用厂房 | | | | | | | | | | | | | | | | |
| 14. 更新生产 / 完工入库 | | | | | | | | | | | | | | | | |
| 15. 新建 / 在建 / 转产 / 变卖生产线 | | | | | | | | | | | | | | | | |
| 16. 开始下一批生产 | | | | | | | | | | | | | | | | |
| 17. 更新应收款 / 应收款收现 | | | | | | | | | | | | | | | | |
| 18. 按订单交货 | | | | | | | | | | | | | | | | |
| 19. 产品研发投资 | | | | | | | | | | | | | | | | |
| 20. 厂房处理 | | | | | | | | | | | | | | | | |
| 21. 支付行政管理费 | | | | | | | | | | | | | | | | |
| 22. 支付厂房租金（续租） | | | | | | | | | | | | | | | | |
| 23. 紧急融资 / 紧急采购 | | | | | | | | | | | | | | | | |
| 24. 支付设备维修费 | | | | | | | | | | | | | | | | |
| 25. 计提折旧 | | | | | | | | | | | | | | | | |
| 26. 新市场开拓 / ISO 认证投资 | | | | | | | | | | | | | | | | |
| 27. 缴纳违约订单罚款 | | | | | | | | | | | | | | | | |
| 28. 原料入库合计 | | | | | | | | | | | | | | | | |
| 29. 原料出库合计 | | | | | | | | | | | | | | | | |
| 30. 期末原料对账 | | | | | | | | | | | | | | | | |

**111**

第九章　ERP 沙盘模拟实战手册

组号：　　　　　　　　　　　　　　　　　　　　　　　　　　　编号：C1

## 第 2 年采购总监经营记录

**112**

| 请按顺序执行下列各项操作。采购总监在方格内填写原料订购、入库及耗用情况。 | | | | | | | | | | | | | | | | | |
|---|---|---|---|---|---|---|---|---|---|---|---|---|---|---|---|---|---|
| 1. 新年度规划会议 | | | | | | | | | | | | | | | | | |
| 2. 投放广告 | | | | | | | | | | | | | | | | | |
| 3. 参加订货会选单 / 登记订单 | | | | | | | | | | | | | | | | | |
| 4. 支付上年所得税 | | | | | | | | | | | | | | | | | |
| 5. 支付长期贷款利息 | | | | | | | | | | | | | | | | | |
| 6. 更新长期贷款 / 长期贷款还本 | | | | | | | | | | | | | | | | | |
| 7. 申请长期贷款 | | | | | | | | | | | | | | | | | |
| 8. 季初原料盘点（填写数量） | 一季度 | | | | 二季度 | | | | 三季度 | | | | 四季度 | | | |
| | R1 | R2 | R3 | R4 | R1 | R2 | R3 | R4 | R1 | R2 | R3 | R4 | R1 | R2 | R3 | R4 |
| 9. 更新短贷 / 短贷还本付息 | | | | | | | | | | | | | | | | |
| 10. 申请短期贷款 | | | | | | | | | | | | | | | | |
| 11. 原料入库 / 更新原料订单 | | | | | | | | | | | | | | | | |
| 12. 下原料订单 | | | | | | | | | | | | | | | | |
| 13. 购买 / 租用厂房 | | | | | | | | | | | | | | | | |
| 14. 更新生产 / 完工入库 | | | | | | | | | | | | | | | | |
| 15. 新建 / 在建 / 转产 / 变卖生产线 | | | | | | | | | | | | | | | | |
| 16. 开始下一批生产 | | | | | | | | | | | | | | | | |
| 17. 更新应收款 / 应收款收现 | | | | | | | | | | | | | | | | |
| 18. 按订单交货 | | | | | | | | | | | | | | | | |
| 19. 产品研发投资 | | | | | | | | | | | | | | | | |
| 20. 厂房处理 | | | | | | | | | | | | | | | | |
| 21. 支付行政管理费 | | | | | | | | | | | | | | | | |
| 22. 支付厂房租金（续租） | | | | | | | | | | | | | | | | |
| 23. 紧急融资 / 紧急采购 | | | | | | | | | | | | | | | | |
| 24. 支付设备维修费 | | | | | | | | | | | | | | | | |
| 25. 计提折旧 | | | | | | | | | | | | | | | | |
| 26. 新市场开拓 / ISO 认证投资 | | | | | | | | | | | | | | | | |
| 27. 缴纳违约订单罚款 | | | | | | | | | | | | | | | | |
| 28. 原料入库合计 | | | | | | | | | | | | | | | | |
| 29. 原料出库合计 | | | | | | | | | | | | | | | | |
| 30. 期末原料对账 | | | | | | | | | | | | | | | | |

## 第 3 年采购总监经营记录

| 请按顺序执行下列各项操作。采购总监在方格内填写原料订购、入库及耗用情况。 | | | | | | | | | | | | | | | | | |
|---|---|---|---|---|---|---|---|---|---|---|---|---|---|---|---|---|---|
| 1. 新年度规划会议 | | | | | | | | | | | | | | | | | |
| 2. 投放广告 | | | | | | | | | | | | | | | | | |
| 3. 参加订货会选单 / 登记订单 | | | | | | | | | | | | | | | | | |
| 4. 支付上年所得税 | | | | | | | | | | | | | | | | | |
| 5. 支付长期贷款利息 | | | | | | | | | | | | | | | | | |
| 6. 更新长期贷款 / 长期贷款还本 | | | | | | | | | | | | | | | | | |
| 7. 申请长期贷款 | | | | | | | | | | | | | | | | | |
| 8. 季初原料盘点（填写数量） | 一季度 | | | | 二季度 | | | | 三季度 | | | | 四季度 | | | | |
|  | R1 | R2 | R3 | R4 | R1 | R2 | R3 | R4 | R1 | R2 | R3 | R4 | R1 | R2 | R3 | R4 | |
| 9. 更新短贷 / 短贷还本付息 | | | | | | | | | | | | | | | | | |
| 10. 申请短期贷款 | | | | | | | | | | | | | | | | | |
| 11. 原料入库 / 更新原料订单 | | | | | | | | | | | | | | | | | |
| 12. 下原料订单 | | | | | | | | | | | | | | | | | |
| 13. 购买 / 租用厂房 | | | | | | | | | | | | | | | | | |
| 14. 更新生产 / 完工入库 | | | | | | | | | | | | | | | | | |
| 15. 新建 / 在建 / 转产 / 变卖生产线 | | | | | | | | | | | | | | | | | |
| 16. 开始下一批生产 | | | | | | | | | | | | | | | | | |
| 17. 更新应收款 / 应收款收现 | | | | | | | | | | | | | | | | | |
| 18. 按订单交货 | | | | | | | | | | | | | | | | | |
| 19. 产品研发投资 | | | | | | | | | | | | | | | | | |
| 20. 厂房处理 | | | | | | | | | | | | | | | | | |
| 21. 支付行政管理费 | | | | | | | | | | | | | | | | | |
| 22. 支付厂房租金（续租） | | | | | | | | | | | | | | | | | |
| 23. 紧急融资 / 紧急采购 | | | | | | | | | | | | | | | | | |
| 24. 支付设备维修费 | | | | | | | | | | | | | | | | | |
| 25. 计提折旧 | | | | | | | | | | | | | | | | | |
| 26. 新市场开拓 / ISO 认证投资 | | | | | | | | | | | | | | | | | |
| 27. 缴纳违约订单罚款 | | | | | | | | | | | | | | | | | |
| 28. 原料入库合计 | | | | | | | | | | | | | | | | | |
| 29. 原料出库合计 | | | | | | | | | | | | | | | | | |
| 30. 期末原料对账 | | | | | | | | | | | | | | | | | |

## 第 4 年采购总监经营记录

| 请按顺序执行下列各项操作。采购总监在方格内填写原料订购、入库及耗用情况。 | | | | | | | | | | | | | | | | |
|---|---|---|---|---|---|---|---|---|---|---|---|---|---|---|---|---|
| 1. 新年度规划会议 | | | | | | | | | | | | | | | | |
| 2. 投放广告 | | | | | | | | | | | | | | | | |
| 3. 参加订货会选单 / 登记订单 | | | | | | | | | | | | | | | | |
| 4. 支付上年所得税 | | | | | | | | | | | | | | | | |
| 5. 支付长期贷款利息 | | | | | | | | | | | | | | | | |
| 6. 更新长期贷款 / 长期贷款还本 | | | | | | | | | | | | | | | | |
| 7. 申请长期贷款 | | | | | | | | | | | | | | | | |

| 8. 季初原料盘点（填写数量） | 一季度 | | | | 二季度 | | | | 三季度 | | | | 四季度 | | | |
|---|---|---|---|---|---|---|---|---|---|---|---|---|---|---|---|---|
| | R1 | R2 | R3 | R4 | R1 | R2 | R3 | R4 | R1 | R2 | R3 | R4 | R1 | R2 | R3 | R4 |
| | | | | | | | | | | | | | | | | |

| 9. 更新短贷 / 短贷还本付息 | | | | | | | | | | | | | | | | |
|---|---|---|---|---|---|---|---|---|---|---|---|---|---|---|---|---|
| 10. 申请短期贷款 | | | | | | | | | | | | | | | | |
| 11. 原料入库 / 更新原料订单 | | | | | | | | | | | | | | | | |
| 12. 下原料订单 | | | | | | | | | | | | | | | | |
| 13. 购买 / 租用厂房 | | | | | | | | | | | | | | | | |
| 14. 更新生产 / 完工入库 | | | | | | | | | | | | | | | | |
| 15. 新建 / 在建 / 转产 / 变卖生产线 | | | | | | | | | | | | | | | | |
| 16. 开始下一批生产 | | | | | | | | | | | | | | | | |
| 17. 更新应收款 / 应收款收现 | | | | | | | | | | | | | | | | |
| 18. 按订单交货 | | | | | | | | | | | | | | | | |
| 19. 产品研发投资 | | | | | | | | | | | | | | | | |
| 20. 厂房处理 | | | | | | | | | | | | | | | | |
| 21. 支付行政管理费 | | | | | | | | | | | | | | | | |
| 22. 支付厂房租金（续租） | | | | | | | | | | | | | | | | |
| 23. 紧急融资 / 紧急采购 | | | | | | | | | | | | | | | | |
| 24. 支付设备维修费 | | | | | | | | | | | | | | | | |
| 25. 计提折旧 | | | | | | | | | | | | | | | | |
| 26. 新市场开拓 / ISO 认证投资 | | | | | | | | | | | | | | | | |
| 27. 缴纳违约订单罚款 | | | | | | | | | | | | | | | | |
| 28. 原料入库合计 | | | | | | | | | | | | | | | | |
| 29. 原料出库合计 | | | | | | | | | | | | | | | | |
| 30. 期末原料对账 | | | | | | | | | | | | | | | | |

ERP 沙盘模拟实战

114

## 第 5 年采购总监经营记录

| 请按顺序执行下列各项操作。采购总监在方格内填写原料订购、入库及耗用情况。 | | | | | | | | | | | | | | | | | |
|---|---|---|---|---|---|---|---|---|---|---|---|---|---|---|---|---|---|
| 1. 新年度规划会议 | | | | | | | | | | | | | | | | | |
| 2. 投放广告 | | | | | | | | | | | | | | | | | |
| 3. 参加订货会选单 / 登记订单 | | | | | | | | | | | | | | | | | |
| 4. 支付上年所得税 | | | | | | | | | | | | | | | | | |
| 5. 支付长期贷款利息 | | | | | | | | | | | | | | | | | |
| 6. 更新长期贷款 / 长期贷款还本 | | | | | | | | | | | | | | | | | |
| 7. 申请长期贷款 | | | | | | | | | | | | | | | | | |
| 8. 季初原料盘点（填写数量） | 一季度 | | | | 二季度 | | | | 三季度 | | | | 四季度 | | | | |
| | R1 | R2 | R3 | R4 | R1 | R2 | R3 | R4 | R1 | R2 | R3 | R4 | R1 | R2 | R3 | R4 | |
| | | | | | | | | | | | | | | | | | |
| 9. 更新短贷 / 短贷还本付息 | | | | | | | | | | | | | | | | | |
| 10. 申请短期贷款 | | | | | | | | | | | | | | | | | |
| 11. 原料入库 / 更新原料订单 | | | | | | | | | | | | | | | | | |
| 12. 下原料订单 | | | | | | | | | | | | | | | | | |
| 13. 购买 / 租用厂房 | | | | | | | | | | | | | | | | | |
| 14. 更新生产 / 完工入库 | | | | | | | | | | | | | | | | | |
| 15. 新建 / 在建 / 转产 / 变卖生产线 | | | | | | | | | | | | | | | | | |
| 16. 开始下一批生产 | | | | | | | | | | | | | | | | | |
| 17. 更新应收款 / 应收款收现 | | | | | | | | | | | | | | | | | |
| 18. 按订单交货 | | | | | | | | | | | | | | | | | |
| 19. 产品研发投资 | | | | | | | | | | | | | | | | | |
| 20. 厂房处理 | | | | | | | | | | | | | | | | | |
| 21. 支付行政管理费 | | | | | | | | | | | | | | | | | |
| 22. 支付厂房租金（续租） | | | | | | | | | | | | | | | | | |
| 23. 紧急融资 / 紧急采购 | | | | | | | | | | | | | | | | | |
| 24. 支付设备维修费 | | | | | | | | | | | | | | | | | |
| 25. 计提折旧 | | | | | | | | | | | | | | | | | |
| 26. 新市场开拓 / ISO 认证投资 | | | | | | | | | | | | | | | | | |
| 27. 缴纳违约订单罚款 | | | | | | | | | | | | | | | | | |
| 28. 原料入库合计 | | | | | | | | | | | | | | | | | |
| 29. 原料出库合计 | | | | | | | | | | | | | | | | | |
| 30. 期末原料对账 | | | | | | | | | | | | | | | | | |

第九章　ERP 沙盘模拟实战手册

组号：

## 第 6 年采购总监经营记录

| 请按顺序执行下列各项操作。采购总监在方格内填写原料订购、入库及耗用情况。 | | | | | | | | | | | | | | | | | | |
|---|---|---|---|---|---|---|---|---|---|---|---|---|---|---|---|---|---|---|
| 1. 新年度规划会议 | | | | | | | | | | | | | | | | | | |
| 2. 投放广告 | | | | | | | | | | | | | | | | | | |
| 3. 参加订货会选单／登记订单 | | | | | | | | | | | | | | | | | | |
| 4. 支付上年所得税 | | | | | | | | | | | | | | | | | | |
| 5. 支付长期贷款利息 | | | | | | | | | | | | | | | | | | |
| 6. 更新长期贷款／长期贷款还本 | | | | | | | | | | | | | | | | | | |
| 7. 申请长期贷款 | | | | | | | | | | | | | | | | | | |
| 8. 季初原料盘点（填写数量） | 一季度 | | | | 二季度 | | | | 三季度 | | | | 四季度 | | | | | |
| | R1 | R2 | R3 | R4 | R1 | R2 | R3 | R4 | R1 | R2 | R3 | R4 | R1 | R2 | R3 | R4 | | |
| | | | | | | | | | | | | | | | | | | |
| 9. 更新短贷／短贷还本付息 | | | | | | | | | | | | | | | | | | |
| 10. 申请短期贷款 | | | | | | | | | | | | | | | | | | |
| 11. 原料入库／更新原料订单 | | | | | | | | | | | | | | | | | | |
| 12. 下原料订单 | | | | | | | | | | | | | | | | | | |
| 13. 购买／租用厂房 | | | | | | | | | | | | | | | | | | |
| 14. 更新生产／完工入库 | | | | | | | | | | | | | | | | | | |
| 15. 新建／在建／转产／变卖生产线 | | | | | | | | | | | | | | | | | | |
| 16. 开始下一批生产 | | | | | | | | | | | | | | | | | | |
| 17. 更新应收款／应收款收现 | | | | | | | | | | | | | | | | | | |
| 18. 按订单交货 | | | | | | | | | | | | | | | | | | |
| 19. 产品研发投资 | | | | | | | | | | | | | | | | | | |
| 20. 厂房处理 | | | | | | | | | | | | | | | | | | |
| 21. 支付行政管理费 | | | | | | | | | | | | | | | | | | |
| 22. 支付厂房租金（续租） | | | | | | | | | | | | | | | | | | |
| 23. 紧急融资／紧急采购 | | | | | | | | | | | | | | | | | | |
| 24. 支付设备维修费 | | | | | | | | | | | | | | | | | | |
| 25. 计提折旧 | | | | | | | | | | | | | | | | | | |
| 26. 新市场开拓／ISO 认证投资 | | | | | | | | | | | | | | | | | | |
| 27. 缴纳违约订单罚款 | | | | | | | | | | | | | | | | | | |
| 28. 原料入库合计 | | | | | | | | | | | | | | | | | | |
| 29. 原料出库合计 | | | | | | | | | | | | | | | | | | |
| 30. 期末原料对账 | | | | | | | | | | | | | | | | | | |

## 第 0 年生产总监经营记录

| 请按顺序执行下列各项操作。生产总监在方格内填写产成品入库与出库情况。 | | | | | | | | | | | | | | | | | |
|---|---|---|---|---|---|---|---|---|---|---|---|---|---|---|---|---|---|
| 1. 新年度规划会议 | | | | | | | | | | | | | | | | | |
| 2. 投放广告 | | | | | | | | | | | | | | | | | |
| 3. 参加订货会选单／登记订单 | | | | | | | | | | | | | | | | | |
| 4. 支付上年所得税 | | | | | | | | | | | | | | | | | |
| 5. 支付长期贷款利息 | | | | | | | | | | | | | | | | | |
| 6. 更新长期贷款／长期贷款还本 | | | | | | | | | | | | | | | | | |
| 7. 申请长期贷款 | | | | | | | | | | | | | | | | | |
| 8. 季初产成品盘点（填写数量） | 一季度 | | | | 二季度 | | | | 三季度 | | | | 四季度 | | | | |
|  | P1 | P2 | P3 | P4 | P1 | P2 | P3 | P4 | P1 | P2 | P3 | P4 | P1 | P2 | P3 | P4 | |
|  | | | | | | | | | | | | | | | | | |
| 9. 更新短贷／短贷还本付息 | | | | | | | | | | | | | | | | | |
| 10. 申请短期贷款 | | | | | | | | | | | | | | | | | |
| 11. 原料入库／更新原料订单 | | | | | | | | | | | | | | | | | |
| 12. 下原料订单 | | | | | | | | | | | | | | | | | |
| 13. 购买／租用厂房 | | | | | | | | | | | | | | | | | |
| 14. 更新生产／完工入库 | | | | | | | | | | | | | | | | | |
| 15. 新建／在建／转产／变卖生产线 | | | | | | | | | | | | | | | | | |
| 16. 开始下一批生产 | | | | | | | | | | | | | | | | | |
| 17. 更新应收款／应收款收现 | | | | | | | | | | | | | | | | | |
| 18. 按订单交货 | | | | | | | | | | | | | | | | | |
| 19. 产品研发投资 | | | | | | | | | | | | | | | | | |
| 20. 厂房处理 | | | | | | | | | | | | | | | | | |
| 21. 支付行政管理费 | | | | | | | | | | | | | | | | | |
| 22. 支付厂房租金（续租） | | | | | | | | | | | | | | | | | |
| 23. 紧急融资／紧急采购 | | | | | | | | | | | | | | | | | |
| 24. 支付设备维修费 | | | | | | | | | | | | | | | | | |
| 25. 计提折旧 | | | | | | | | | | | | | | | | | |
| 26. 新市场开拓／ISO认证投资 | | | | | | | | | | | | | | | | | |
| 27. 缴纳违约订单罚款 | | | | | | | | | | | | | | | | | |
| 28. 产成品入库合计 | | | | | | | | | | | | | | | | | |
| 29. 产成品出库合计 | | | | | | | | | | | | | | | | | |
| 30. 期末产成品对账 | | | | | | | | | | | | | | | | | |

ERP 沙盘模拟实战

**118**

## 第 1 年生产总监经营记录

| 请按顺序执行下列各项操作。生产总监在方格内填写产成品入库与出库情况。 | | | | | | | | | | | | | | | | | |
|---|---|---|---|---|---|---|---|---|---|---|---|---|---|---|---|---|---|
| 1. 新年度规划会议 | | | | | | | | | | | | | | | | | |
| 2. 投放广告 | | | | | | | | | | | | | | | | | |
| 3. 参加订货会选单 / 登记订单 | | | | | | | | | | | | | | | | | |
| 4. 支付上年所得税 | | | | | | | | | | | | | | | | | |
| 5. 支付长期贷款利息 | | | | | | | | | | | | | | | | | |
| 6. 更新长期贷款 / 长期贷款还本 | | | | | | | | | | | | | | | | | |
| 7. 申请长期贷款 | | | | | | | | | | | | | | | | | |
| 8. 季初产成品盘点（填写数量） | 一季度 | | | | 二季度 | | | | 三季度 | | | | 四季度 | | | | |
| | P1 | P2 | P3 | P4 | P1 | P2 | P3 | P4 | P1 | P2 | P3 | P4 | P1 | P2 | P3 | P4 | |
| | | | | | | | | | | | | | | | | | |
| 9. 更新短贷 / 短贷还本付息 | | | | | | | | | | | | | | | | | |
| 10. 申请短期贷款 | | | | | | | | | | | | | | | | | |
| 11. 原料入库 / 更新原料订单 | | | | | | | | | | | | | | | | | |
| 12. 下原料订单 | | | | | | | | | | | | | | | | | |
| 13. 购买 / 租用厂房 | | | | | | | | | | | | | | | | | |
| 14. 更新生产 / 完工入库 | | | | | | | | | | | | | | | | | |
| 15. 新建 / 在建 / 转产 / 变卖生产线 | | | | | | | | | | | | | | | | | |
| 16. 开始下一批生产 | | | | | | | | | | | | | | | | | |
| 17. 更新应收款 / 应收款收现 | | | | | | | | | | | | | | | | | |
| 18. 按订单交货 | | | | | | | | | | | | | | | | | |
| 19. 产品研发投资 | | | | | | | | | | | | | | | | | |
| 20. 厂房处理 | | | | | | | | | | | | | | | | | |
| 21. 支付行政管理费 | | | | | | | | | | | | | | | | | |
| 22. 支付厂房租金（续租） | | | | | | | | | | | | | | | | | |
| 23. 紧急融资 / 紧急采购 | | | | | | | | | | | | | | | | | |
| 24. 支付设备维修费 | | | | | | | | | | | | | | | | | |
| 25. 计提折旧 | | | | | | | | | | | | | | | | | |
| 26. 新市场开拓 / ISO 认证投资 | | | | | | | | | | | | | | | | | |
| 27. 缴纳违约订单罚款 | | | | | | | | | | | | | | | | | |
| 28. 产成品入库合计 | | | | | | | | | | | | | | | | | |
| 29. 产成品出库合计 | | | | | | | | | | | | | | | | | |
| 30. 期末产成品对账 | | | | | | | | | | | | | | | | | |

组号：　　　　　　　　　　　　　　　　　　　　　　　　　　　　　编号：D1

## 第 2 年生产总监经营记录

| 请按顺序执行下列各项操作。生产总监在方格内填写产成品入库与出库情况。 | | | | | | | | | | | | | | | | |
|---|---|---|---|---|---|---|---|---|---|---|---|---|---|---|---|---|
| 1. 新年度规划会议 | | | | | | | | | | | | | | | | |
| 2. 投放广告 | | | | | | | | | | | | | | | | |
| 3. 参加订货会选单 / 登记订单 | | | | | | | | | | | | | | | | |
| 4. 支付上年所得税 | | | | | | | | | | | | | | | | |
| 5. 支付长期贷款利息 | | | | | | | | | | | | | | | | |
| 6. 更新长期贷款 / 长期贷款还本 | | | | | | | | | | | | | | | | |
| 7. 申请长期贷款 | | | | | | | | | | | | | | | | |
| 8. 季初产成品盘点（填写数量） | 一季度 | | | | 二季度 | | | | 三季度 | | | | 四季度 | | | |
| | P1 | P2 | P3 | P4 | P1 | P2 | P3 | P4 | P1 | P2 | P3 | P4 | P1 | P2 | P3 | P4 |
| 9. 更新短贷 / 短贷还本付息 | | | | | | | | | | | | | | | | |
| 10. 申请短期贷款 | | | | | | | | | | | | | | | | |
| 11. 原料入库 / 更新原料订单 | | | | | | | | | | | | | | | | |
| 12. 下原料订单 | | | | | | | | | | | | | | | | |
| 13. 购买 / 租用厂房 | | | | | | | | | | | | | | | | |
| 14. 更新生产 / 完工入库 | | | | | | | | | | | | | | | | |
| 15. 新建 / 在建 / 转产 / 变卖生产线 | | | | | | | | | | | | | | | | |
| 16. 开始下一批生产 | | | | | | | | | | | | | | | | |
| 17. 更新应收款 / 应收款回现 | | | | | | | | | | | | | | | | |
| 18. 按订单交货 | | | | | | | | | | | | | | | | |
| 19. 产品研发投资 | | | | | | | | | | | | | | | | |
| 20. 厂房处理 | | | | | | | | | | | | | | | | |
| 21. 支付行政管理费 | | | | | | | | | | | | | | | | |
| 22. 支付厂房租金（续租） | | | | | | | | | | | | | | | | |
| 23. 紧急融资 / 紧急采购 | | | | | | | | | | | | | | | | |
| 24. 支付设备维修费 | | | | | | | | | | | | | | | | |
| 25. 计提折旧 | | | | | | | | | | | | | | | | |
| 26. 新市场开拓 / ISO 认证投资 | | | | | | | | | | | | | | | | |
| 27. 缴纳违约订单罚款 | | | | | | | | | | | | | | | | |
| 28. 产成品入库合计 | | | | | | | | | | | | | | | | |
| 29. 产成品出库合计 | | | | | | | | | | | | | | | | |
| 30. 期末产成品对账 | | | | | | | | | | | | | | | | |

119

第九章　ERP 沙盘模拟实战手册

ERP 沙盘模拟实战

## 第 3 年生产总监经营记录

**请按顺序执行下列各项操作。生产总监在方格内填写产成品入库与出库情况。**

| 项目 | | 一季度 | | | | 二季度 | | | | 三季度 | | | | 四季度 | | | |
|---|---|---|---|---|---|---|---|---|---|---|---|---|---|---|---|---|---|
| 1. 新年度规划会议 | | | | | | | | | | | | | | | | | |
| 2. 投放广告 | | | | | | | | | | | | | | | | | |
| 3. 参加订货会选单／登记订单 | | | | | | | | | | | | | | | | | |
| 4. 支付上年所得税 | | | | | | | | | | | | | | | | | |
| 5. 支付长期贷款利息 | | | | | | | | | | | | | | | | | |
| 6. 更新长期贷款／长期贷款还本 | | | | | | | | | | | | | | | | | |
| 7. 申请长期贷款 | | | | | | | | | | | | | | | | | |
| 8. 季初产成品盘点（填写数量） | | P1 | P2 | P3 | P4 | P1 | P2 | P3 | P4 | P1 | P2 | P3 | P4 | P1 | P2 | P3 | P4 |
| 9. 更新短贷／短贷还本付息 | | | | | | | | | | | | | | | | | |
| 10. 申请短期贷款 | | | | | | | | | | | | | | | | | |
| 11. 原料入库／更新原料订单 | | | | | | | | | | | | | | | | | |
| 12. 下原料订单 | | | | | | | | | | | | | | | | | |
| 13. 购买／租用厂房 | | | | | | | | | | | | | | | | | |
| 14. 更新生产／完工入库 | | | | | | | | | | | | | | | | | |
| 15. 新建／在建／转产／变卖生产线 | | | | | | | | | | | | | | | | | |
| 16. 开始下一批生产 | | | | | | | | | | | | | | | | | |
| 17. 更新应收款／应收款收现 | | | | | | | | | | | | | | | | | |
| 18. 按订单交货 | | | | | | | | | | | | | | | | | |
| 19. 产品研发投资 | | | | | | | | | | | | | | | | | |
| 20. 厂房处理 | | | | | | | | | | | | | | | | | |
| 21. 支付行政管理费 | | | | | | | | | | | | | | | | | |
| 22. 支付厂房租金（续租） | | | | | | | | | | | | | | | | | |
| 23. 紧急融资／紧急采购 | | | | | | | | | | | | | | | | | |
| 24. 支付设备维修费 | | | | | | | | | | | | | | | | | |
| 25. 计提折旧 | | | | | | | | | | | | | | | | | |
| 26. 新市场开拓／ISO 认证投资 | | | | | | | | | | | | | | | | | |
| 27. 缴纳违约订单罚款 | | | | | | | | | | | | | | | | | |
| 28. 产成品入库合计 | | | | | | | | | | | | | | | | | |
| 29. 产成品出库合计 | | | | | | | | | | | | | | | | | |
| 30. 期末产成品对账 | | | | | | | | | | | | | | | | | |

## 第 4 年生产总监经营记录

| 请按顺序执行下列各项操作。生产总监在方格内填写产成品入库与出库情况。 | | | | | | | | | | | | | | | | |
|---|---|---|---|---|---|---|---|---|---|---|---|---|---|---|---|---|
| 1. 新年度规划会议 | | | | | | | | | | | | | | | | |
| 2. 投放广告 | | | | | | | | | | | | | | | | |
| 3. 参加订货会选单 / 登记订单 | | | | | | | | | | | | | | | | |
| 4. 支付上年所得税 | | | | | | | | | | | | | | | | |
| 5. 支付长期贷款利息 | | | | | | | | | | | | | | | | |
| 6. 更新长期贷款 / 长期贷款还本 | | | | | | | | | | | | | | | | |
| 7. 申请长期贷款 | | | | | | | | | | | | | | | | |
| 8. 季初产成品盘点（填写数量） | 一季度 | | | | 二季度 | | | | 三季度 | | | | 四季度 | | | |
|  | P1 | P2 | P3 | P4 | P1 | P2 | P3 | P4 | P1 | P2 | P3 | P4 | P1 | P2 | P3 | P4 |
| 9. 更新短贷 / 短贷还本付息 | | | | | | | | | | | | | | | | |
| 10. 申请短期贷款 | | | | | | | | | | | | | | | | |
| 11. 原料入库 / 更新原料订单 | | | | | | | | | | | | | | | | |
| 12. 下原料订单 | | | | | | | | | | | | | | | | |
| 13. 购买 / 租用厂房 | | | | | | | | | | | | | | | | |
| 14. 更新生产 / 完工入库 | | | | | | | | | | | | | | | | |
| 15. 新建 / 在建 / 转产 / 变卖生产线 | | | | | | | | | | | | | | | | |
| 16. 开始下一批生产 | | | | | | | | | | | | | | | | |
| 17. 更新应收款 / 应收款回笼 | | | | | | | | | | | | | | | | |
| 18. 按订单交货 | | | | | | | | | | | | | | | | |
| 19. 产品研发投资 | | | | | | | | | | | | | | | | |
| 20. 厂房处理 | | | | | | | | | | | | | | | | |
| 21. 支付行政管理费 | | | | | | | | | | | | | | | | |
| 22. 支付厂房租金（续租） | | | | | | | | | | | | | | | | |
| 23. 紧急融资 / 紧急采购 | | | | | | | | | | | | | | | | |
| 24. 支付设备维修费 | | | | | | | | | | | | | | | | |
| 25. 计提折旧 | | | | | | | | | | | | | | | | |
| 26. 新市场开拓 / ISO 认证投资 | | | | | | | | | | | | | | | | |
| 27. 缴纳违约订单罚款 | | | | | | | | | | | | | | | | |
| 28. 产成品入库合计 | | | | | | | | | | | | | | | | |
| 29. 产成品出库合计 | | | | | | | | | | | | | | | | |
| 30. 期末产成品对账 | | | | | | | | | | | | | | | | |

## 第 5 年生产总监经营记录

**请按顺序执行下列各项操作。生产总监在方格内填写产成品入库与出库情况。**

| 操作 | 一季度 | | | | 二季度 | | | | 三季度 | | | | 四季度 | | | |
|---|---|---|---|---|---|---|---|---|---|---|---|---|---|---|---|---|
| 1. 新年度规划会议 | | | | | | | | | | | | | | | | |
| 2. 投放广告 | | | | | | | | | | | | | | | | |
| 3. 参加订货会选单／登记订单 | | | | | | | | | | | | | | | | |
| 4. 支付上年所得税 | | | | | | | | | | | | | | | | |
| 5. 支付长期贷款利息 | | | | | | | | | | | | | | | | |
| 6. 更新长期贷款／长期贷款还本 | | | | | | | | | | | | | | | | |
| 7. 申请长期贷款 | | | | | | | | | | | | | | | | |
| | P1 | P2 | P3 | P4 | P1 | P2 | P3 | P4 | P1 | P2 | P3 | P4 | P1 | P2 | P3 | P4 |
| 8. 季初产成品盘点（填写数量） | | | | | | | | | | | | | | | | |
| 9. 更新短贷／短贷还本付息 | | | | | | | | | | | | | | | | |
| 10. 申请短期贷款 | | | | | | | | | | | | | | | | |
| 11. 原料入库／更新原料订单 | | | | | | | | | | | | | | | | |
| 12. 下原料订单 | | | | | | | | | | | | | | | | |
| 13. 购买／租用厂房 | | | | | | | | | | | | | | | | |
| 14. 更新生产／完工入库 | | | | | | | | | | | | | | | | |
| 15. 新建／在建／转产／变卖生产线 | | | | | | | | | | | | | | | | |
| 16. 开始下一批生产 | | | | | | | | | | | | | | | | |
| 17. 更新应收款／应收款收现 | | | | | | | | | | | | | | | | |
| 18. 按订单交货 | | | | | | | | | | | | | | | | |
| 19. 产品研发投资 | | | | | | | | | | | | | | | | |
| 20. 厂房处理 | | | | | | | | | | | | | | | | |
| 21. 支付行政管理费 | | | | | | | | | | | | | | | | |
| 22. 支付厂房租金（续租） | | | | | | | | | | | | | | | | |
| 23. 紧急融资／紧急采购 | | | | | | | | | | | | | | | | |
| 24. 支付设备维修费 | | | | | | | | | | | | | | | | |
| 25. 计提折旧 | | | | | | | | | | | | | | | | |
| 26. 新市场开拓／ISO 认证投资 | | | | | | | | | | | | | | | | |
| 27. 缴纳违约订单罚款 | | | | | | | | | | | | | | | | |
| 28. 产成品入库合计 | | | | | | | | | | | | | | | | |
| 29. 产成品出库合计 | | | | | | | | | | | | | | | | |
| 30. 期末产成品对账 | | | | | | | | | | | | | | | | |

## 第 6 年生产总监经营记录

| 请按顺序执行下列各项操作。生产总监在方格内填写产成品入库与出库情况。 | | | | | | | | | | | | | | | | | |
|---|---|---|---|---|---|---|---|---|---|---|---|---|---|---|---|---|---|
| 1. 新年度规划会议 | | | | | | | | | | | | | | | | | |
| 2. 投放广告 | | | | | | | | | | | | | | | | | |
| 3. 参加订货会选单 / 登记订单 | | | | | | | | | | | | | | | | | |
| 4. 支付上年所得税 | | | | | | | | | | | | | | | | | |
| 5. 支付长期贷款利息 | | | | | | | | | | | | | | | | | |
| 6. 更新长期贷款 / 长期贷款还本 | | | | | | | | | | | | | | | | | |
| 7. 申请长期贷款 | | | | | | | | | | | | | | | | | |
| 8. 季初产成品盘点（填写数量） | 一季度 | | | | 二季度 | | | | 三季度 | | | | 四季度 | | | | |
|  | P1 | P2 | P3 | P4 | P1 | P2 | P3 | P4 | P1 | P2 | P3 | P4 | P1 | P2 | P3 | P4 | |
|  | | | | | | | | | | | | | | | | | |
| 9. 更新短贷 / 短贷还本付息 | | | | | | | | | | | | | | | | | |
| 10. 申请短期贷款 | | | | | | | | | | | | | | | | | |
| 11. 原料入库 / 更新原料订单 | | | | | | | | | | | | | | | | | |
| 12. 下原料订单 | | | | | | | | | | | | | | | | | |
| 13. 购买 / 租用厂房 | | | | | | | | | | | | | | | | | |
| 14. 更新生产 / 完工入库 | | | | | | | | | | | | | | | | | |
| 15. 新建 / 在建 / 转产 / 变卖生产线 | | | | | | | | | | | | | | | | | |
| 16. 开始下一批生产 | | | | | | | | | | | | | | | | | |
| 17. 更新应收款 / 应收款变现 | | | | | | | | | | | | | | | | | |
| 18. 按订单交货 | | | | | | | | | | | | | | | | | |
| 19. 产品研发投资 | | | | | | | | | | | | | | | | | |
| 20. 厂房处理 | | | | | | | | | | | | | | | | | |
| 21. 支付行政管理费 | | | | | | | | | | | | | | | | | |
| 22. 支付厂房租金（续租） | | | | | | | | | | | | | | | | | |
| 23. 紧急融资 / 紧急采购 | | | | | | | | | | | | | | | | | |
| 24. 支付设备维修费 | | | | | | | | | | | | | | | | | |
| 25. 计提折旧 | | | | | | | | | | | | | | | | | |
| 26. 新市场开拓 / ISO 认证投资 | | | | | | | | | | | | | | | | | |
| 27. 缴纳违约订单罚款 | | | | | | | | | | | | | | | | | |
| 28. 产成品入库合计 | | | | | | | | | | | | | | | | | |
| 29. 产成品出库合计 | | | | | | | | | | | | | | | | | |
| 30. 期末产成品对账 | | | | | | | | | | | | | | | | | |

## 第 0 年财务总监经营记录

| 请按顺序执行下列各项操作。财务总监在方格内填写现金收支情况。 | | | | |
|---|---|---|---|---|
| 1. 新年度规划会议 | | | | |
| 2. 投放广告 | | | | |
| 3. 参加订货会选单 / 登记订单 | | | | |
| 4. 支付上年所得税 | | | | |
| 5. 支付长期贷款利息 | | | | |
| 6. 更新长期贷款 / 长期贷款还本 | | | | |
| 7. 申请长期贷款 | | | | |
| 8. 季初现金盘点（填写现金余额） | 一季度 | 二季度 | 三季度 | 四季度 |
| 9. 更新短期贷款 / 短期贷款还本付息 | | | | |
| 10. 申请短期贷款 | | | | |
| 11. 原料入库 / 更新原料订单 | | | | |
| 12. 下原料订单 | | | | |
| 13. 购买 / 租用厂房 | | | | |
| 14. 更新生产 / 完工入库 | | | | |
| 15. 新建 / 在建 / 转产 / 变卖生产线 | | | | |
| 16. 开始下一批生产 | | | | |
| 17. 更新应收款 / 应收款收现 | | | | |
| 18. 按订单交货 | | | | |
| 19. 产品研发投资 | | | | |
| 20. 厂房处理 | | | | |
| 21. 支付行政管理费 | | | | |
| 22. 支付厂房租金（续租） | | | | |
| 23. 紧急融资 / 紧急采购 | | | | |
| 24. 支付设备维修费 | | | | |
| 25. 计提折旧 | | | | （　　　　） |
| 26. 新市场开拓 / ISO 认证投资 | | | | |
| 27. 缴纳违约订单罚款 | | | | |
| 28. 现金收入合计 | | | | |
| 29. 现金支出合计 | | | | |
| 30. 期末对账（填写现金余额） | | | | |

## 第 1 年财务总监经营记录

| 请按顺序执行下列各项操作。财务总监在方格内填写现金收支情况。 | | | | |
|---|---|---|---|---|
| 1. 新年度规划会议 | | | | |
| 2. 投放广告 | | | | |
| 3. 参加订货会选单 / 登记订单 | | | | |
| 4. 支付上年所得税 | | | | |
| 5. 支付长期贷款利息 | | | | |
| 6. 更新长期贷款 / 长期贷款还本 | | | | |
| 7. 申请长期贷款 | | | | |
| 8. 季初现金盘点（填写现金余额） | 一季度 | 二季度 | 三季度 | 四季度 |
| 9. 更新短期贷款 / 短期贷款还本付息 | | | | |
| 10. 申请短期贷款 | | | | |
| 11. 原料入库 / 更新原料订单 | | | | |
| 12. 下原料订单 | | | | |
| 13. 购买 / 租用厂房 | | | | |
| 14. 更新生产 / 完工入库 | | | | |
| 15. 新建 / 在建 / 转产 / 变卖生产线 | | | | |
| 16. 开始下一批生产 | | | | |
| 17. 更新应收款 / 应收款收现 | | | | |
| 18. 按订单交货 | | | | |
| 19. 产品研发投资 | | | | |
| 20. 厂房处理 | | | | |
| 21. 支付行政管理费 | | | | |
| 22. 支付厂房租金（续租） | | | | |
| 23. 紧急融资 / 紧急采购 | | | | |
| 24. 支付设备维修费 | | | | |
| 25. 计提折旧 | | | | （　　　） |
| 26. 新市场开拓 / ISO 认证投资 | | | | |
| 27. 缴纳违约订单罚款 | | | | |
| 28. 现金收入合计 | | | | |
| 29. 现金支出合计 | | | | |
| 30. 期末对账（填写现金余额） | | | | |

## 第 2 年财务总监经营记录

| 请按顺序执行下列各项操作。财务总监在方格内填写现金收支情况。 | | | | |
|---|---|---|---|---|
| 1. 新年度规划会议 | | | | |
| 2. 投放广告 | | | | |
| 3. 参加订货会选单／登记订单 | | | | |
| 4. 支付上年所得税 | | | | |
| 5. 支付长期贷款利息 | | | | |
| 6. 更新长期贷款／长期贷款还本 | | | | |
| 7. 申请长期贷款 | | | | |
| 8. 季初现金盘点（填写现金余额） | 一季度 | 二季度 | 三季度 | 四季度 |
| | | | | |
| 9. 更新短期贷款／短期贷款还本付息 | | | | |
| 10. 申请短期贷款 | | | | |
| 11. 原料入库／更新原料订单 | | | | |
| 12. 下原料订单 | | | | |
| 13. 购买／租用厂房 | | | | |
| 14. 更新生产／完工入库 | | | | |
| 15. 新建／在建／转产／变卖生产线 | | | | |
| 16. 开始下一批生产 | | | | |
| 17. 更新应收款／应收款收现 | | | | |
| 18. 按订单交货 | | | | |
| 19. 产品研发投资 | | | | |
| 20. 厂房处理 | | | | |
| 21. 支付行政管理费 | | | | |
| 22. 支付厂房租金（续租） | | | | |
| 23. 紧急融资／紧急采购 | | | | |
| 24. 支付设备维修费 | | | | |
| 25. 计提折旧 | | | | （　　　） |
| 26. 新市场开拓／ISO 认证投资 | | | | |
| 27. 缴纳违约订单罚款 | | | | |
| 28. 现金收入合计 | | | | |
| 29. 现金支出合计 | | | | |
| 30. 期末对账（填写现金余额） | | | | |

## 第 3 年财务总监经营记录

| 请按顺序执行下列各项操作。财务总监在方格内填写现金收支情况。 | | | | |
|---|---|---|---|---|
| 1. 新年度规划会议 | | | | |
| 2. 投放广告 | | | | |
| 3. 参加订货会选单 / 登记订单 | | | | |
| 4. 支付上年所得税 | | | | |
| 5. 支付长期贷款利息 | | | | |
| 6. 更新长期贷款 / 长期贷款还本 | | | | |
| 7. 申请长期贷款 | | | | |
| 8. 季初现金盘点（填写现金余额） | 一季度 | 二季度 | 三季度 | 四季度 |
| 9. 更新短期贷款 / 短期贷款还本付息 | | | | |
| 10. 申请短期贷款 | | | | |
| 11. 原料入库 / 更新原料订单 | | | | |
| 12. 下原料订单 | | | | |
| 13. 购买 / 租用厂房 | | | | |
| 14. 更新生产 / 完工入库 | | | | |
| 15. 新建 / 在建 / 转产 / 变卖生产线 | | | | |
| 16. 开始下一批生产 | | | | |
| 17. 更新应收款 / 应收款到账 | | | | |
| 18. 按订单交货 | | | | |
| 19. 产品研发投资 | | | | |
| 20. 厂房处理 | | | | |
| 21. 支付行政管理费 | | | | |
| 22. 支付厂房租金（续租） | | | | |
| 23. 紧急融资 / 紧急采购 | | | | |
| 24. 支付设备维修费 | | | | |
| 25. 计提折旧 | | | | （    ） |
| 26. 新市场开拓 / ISO 认证投资 | | | | |
| 27. 缴纳违约订单罚款 | | | | |
| 28. 现金收入合计 | | | | |
| 29. 现金支出合计 | | | | |
| 30. 期末对账（填写现金余额） | | | | |

## 第 4 年财务总监经营记录

| 请按顺序执行下列各项操作。财务总监在方格内填写现金收支情况。 | | | | |
|---|---|---|---|---|
| 1. 新年度规划会议 | | | | |
| 2. 投放广告 | | | | |
| 3. 参加订货会选单 / 登记订单 | | | | |
| 4. 支付上年所得税 | | | | |
| 5. 支付长期贷款利息 | | | | |
| 6. 更新长期贷款 / 长期贷款还本 | | | | |
| 7. 申请长期贷款 | | | | |
| 8. 季初现金盘点（填写现金余额） | 一季度 | 二季度 | 三季度 | 四季度 |
| 9. 更新短期贷款 / 短期贷款还本付息 | | | | |
| 10. 申请短期贷款 | | | | |
| 11. 原料入库 / 更新原料订单 | | | | |
| 12. 下原料订单 | | | | |
| 13. 购买 / 租用厂房 | | | | |
| 14. 更新生产 / 完工入库 | | | | |
| 15. 新建 / 在建 / 转产 / 变卖生产线 | | | | |
| 16. 开始下一批生产 | | | | |
| 17. 更新应收款 / 应收款收现 | | | | |
| 18. 按订单交货 | | | | |
| 19. 产品研发投资 | | | | |
| 20. 厂房处理 | | | | |
| 21. 支付行政管理费 | | | | |
| 22. 支付厂房租金（续租） | | | | |
| 23. 紧急融资 / 紧急采购 | | | | |
| 24. 支付设备维修费 | | | | |
| 25. 计提折旧 | | | | （　　） |
| 26. 新市场开拓 / ISO 认证投资 | | | | |
| 27. 缴纳违约订单罚款 | | | | |
| 28. 现金收入合计 | | | | |
| 29. 现金支出合计 | | | | |
| 30. 期末对账（填写现金余额） | | | | |

## 第 5 年财务总监经营记录

| 请按顺序执行下列各项操作。财务总监在方格内填写现金收支情况。 | | | | |
|---|---|---|---|---|
| 1. 新年度规划会议 | | | | |
| 2. 投放广告 | | | | |
| 3. 参加订货会选单 / 登记订单 | | | | |
| 4. 支付上年所得税 | | | | |
| 5. 支付长期贷款利息 | | | | |
| 6. 更新长期贷款 / 长期贷款还本 | | | | |
| 7. 申请长期贷款 | | | | |
| 8. 季初现金盘点（填写现金余额） | 一季度 | 二季度 | 三季度 | 四季度 |
| 9. 更新短期贷款 / 短期贷款还本付息 | | | | |
| 10. 申请短期贷款 | | | | |
| 11. 原料入库 / 更新原料订单 | | | | |
| 12. 下原料订单 | | | | |
| 13. 购买 / 租用厂房 | | | | |
| 14. 更新生产 / 完工入库 | | | | |
| 15. 新建 / 在建 / 转产 / 变卖生产线 | | | | |
| 16. 开始下一批生产 | | | | |
| 17. 更新应收款 / 应收款变现 | | | | |
| 18. 按订单交货 | | | | |
| 19. 产品研发投资 | | | | |
| 20. 厂房处理 | | | | |
| 21. 支付行政管理费 | | | | |
| 22. 支付厂房租金（续租） | | | | |
| 23. 紧急融资 / 紧急采购 | | | | |
| 24. 支付设备维修费 | | | | |
| 25. 计提折旧 | | | | （　　） |
| 26. 新市场开拓 / ISO 认证投资 | | | | |
| 27. 缴纳违约订单罚款 | | | | |
| 28. 现金收入合计 | | | | |
| 29. 现金支出合计 | | | | |
| 30. 期末对账（填写现金余额） | | | | |

129

第九章　ERP 沙盘模拟实战手册

## 第 6 年财务总监经营记录

| 请按顺序执行下列各项操作。财务总监在方格内填写现金收支情况。 | | | | |
|---|---|---|---|---|
| 1. 新年度规划会议 | | | | |
| 2. 投放广告 | | | | |
| 3. 参加订货会选单／登记订单 | | | | |
| 4. 支付上年所得税 | | | | |
| 5. 支付长期贷款利息 | | | | |
| 6. 更新长期贷款／长期贷款还本 | | | | |
| 7. 申请长期贷款 | | | | |
| 8. 季初现金盘点（填写现金余额） | 一季度 | 二季度 | 三季度 | 四季度 |
| 9. 更新短期贷款／短期贷款还本付息 | | | | |
| 10. 申请短期贷款 | | | | |
| 11. 原料入库／更新原料订单 | | | | |
| 12. 下原料订单 | | | | |
| 13. 购买／租用厂房 | | | | |
| 14. 更新生产／完工入库 | | | | |
| 15. 新建／在建／转产／变卖生产线 | | | | |
| 16. 开始下一批生产 | | | | |
| 17. 更新应收款／应收款收现 | | | | |
| 18. 按订单交货 | | | | |
| 19. 产品研发投资 | | | | |
| 20. 厂房处理 | | | | |
| 21. 支付行政管理费 | | | | |
| 22. 支付厂房租金（续租） | | | | |
| 23. 紧急融资／紧急采购 | | | | |
| 24. 支付设备维修费 | | | | |
| 25. 计提折旧 | | | | （　　） |
| 26. 新市场开拓／ISO 认证投资 | | | | |
| 27. 缴纳违约订单罚款 | | | | |
| 28. 现金收入合计 | | | | |
| 29. 现金支出合计 | | | | |
| 30. 期末对账（填写现金余额） | | | | |

## 第0年会计报表

综合管理费用明细表

单位：百万元

| 项目 | 金额 | 备注 |
|---|---|---|
| 管理费 | | |
| 广告费 | | |
| 维修费 | | |
| 损　失 | | |
| 转产费 | | |
| 厂房租金 | | |
| 新市场开拓 | | □区域 □国内 □亚洲 □国际 |
| ISO 资格认证 | | □ISO 9000　□ISO 14000 |
| 产品研发 | | □P2　　□P3　　□P4 |
| 合　计 | | |

利润表

单位：百万元

| 项目 | 上年数 | 本年数 |
|---|---|---|
| 一、销售收入 | 34 | |
| 　减：直接成本 | 12 | |
| 二、毛利 | 22 | |
| 　减：综合费用 | 9 | |
| 三、折旧前利润 | 13 | |
| 　减：折旧 | 5 | |
| 四、支付利息前利润 | 8 | |
| 　减：财务费用 | 4 | |
| 五、税前利润 | 4 | |
| 　减：所得税 | 1 | |
| 六、净利润 | 3 | |

## 资产负债表

单位：百万元

| 资产 | 年初数 | 年末数 | 负债和权益 | 年初数 | 年末数 |
|---|---|---|---|---|---|
| 现金 | 20 | | 长期贷款 | 40 | |
| 应收款 | 13 | | 短期贷款 | | |
| 在制品 | 8 | | 应交所得税 | 1 | |
| 产成品 | 6 | | 负债合计 | 41 | |
| 原材料 | 3 | | | | |
| 流动资产合计 | 50 | | | | |
| 厂房 | 40 | | 股东资本 | 50 | |
| 机器设备 | 15 | | 利润留存 | 11 | |
| 在建工程 | | | 年度净利 | 3 | |
| 固定资产合计 | 55 | | 所有者权益合计 | 64 | |
| 资产总计 | 105 | | 负债和权益总计 | 105 | |

# 第 1 年会计报表

综合管理费用明细表

单位：百万元

| 项 目 | 金额 | 备 注 |
|---|---|---|
| 管理费 | | |
| 广告费 | | |
| 维修费 | | |
| 损　失 | | |
| 转产费 | | |
| 厂房租金 | | |
| 新市场开拓 | | □区域 □国内 □亚洲 □国际 |
| ISO 资格认证 | | □ISO 9000　　□ISO 14000 |
| 产品研发 | | □P2　　□P3　　□P4 |
| 合　计 | | |

利润表

单位：百万元

| 项 目 | 上年数 | 本年数 |
|---|---|---|
| 一、销售收入 | | |
| 　减：直接成本 | | |
| 二、毛利 | | |
| 　减：综合费用 | | |
| 三、折旧前利润 | | |
| 　减：折旧 | | |
| 四、支付利息前利润 | | |
| 　减：财务费用 | | |
| 五、税前利润 | | |
| 　减：所得税 | | |
| 六、净利润 | | |

## 资产负债表

单位：百万元

| 资产 | 年初数 | 年末数 | 负债和权益 | 年初数 | 年末数 |
|---|---|---|---|---|---|
| 现金 | | | 长期贷款 | | |
| 应收款 | | | 短期贷款 | | |
| 在制品 | | | 应交所得税 | | |
| 产成品 | | | 负债合计 | | |
| 原材料 | | | | | |
| 流动资产合计 | | | | | |
| 厂房 | | | 股东资本 | | |
| 机器设备 | | | 利润留存 | | |
| 在建工程 | | | 年度净利 | | |
| 固定资产合计 | | | 所有者权益合计 | | |
| 资产总计 | | | 负债和权益总计 | | |

## 第 2 年会计报表

综合管理费用明细表

单位：百万元

利润表

单位：百万元

| 项目 | 金额 | 备注 |
|---|---|---|
| 管理费 | | |
| 广告费 | | |
| 维修费 | | |
| 损　失 | | |
| 转产费 | | |
| 厂房租金 | | |
| 新市场开拓 | | □区域 □国内 □亚洲 □国际 |
| ISO 资格认证 | | □ISO 9000　　□ISO 14000 |
| 产品研发 | | □P2　　□P3　　□P4 |
| 合　计 | | |

| 项目 | 上年数 | 本年数 |
|---|---|---|
| 一、销售收入 | | |
| 　　减：直接成本 | | |
| 二、毛利 | | |
| 　　减：综合费用 | | |
| 三、折旧前利润 | | |
| 　　减：折旧 | | |
| 四、支付利息前利润 | | |
| 　　减：财务费用 | | |
| 五、税前利润 | | |
| 　　减：所得税 | | |
| 六、净利润 | | |

## 资产负债表

单位：百万元

| 资产 | 年初数 | 年末数 | 负债和权益 | 年初数 | 年末数 |
|---|---|---|---|---|---|
| 现金 | | | 长期贷款 | | |
| 应收款 | | | 短期贷款 | | |
| 在制品 | | | 应交所得税 | | |
| 产成品 | | | 负债合计 | | |
| 原材料 | | | | | |
| 流动资产合计 | | | | | |
| 厂房 | | | 股东资本 | | |
| 机器设备 | | | 利润留存 | | |
| 在建工程 | | | 年度净利 | | |
| 固定资产合计 | | | 所有者权益合计 | | |
| 资产总计 | | | 负债和权益总计 | | |

组号： 编号：E2

# 第 3 年会计报表

综合管理费用明细表
单位：百万元

| 项目 | 金额 | 备注 |
|---|---|---|
| 管理费 | | |
| 广告费 | | |
| 维修费 | | |
| 损　失 | | |
| 转产费 | | |
| 厂房租金 | | |
| 新市场开拓 | | □区域 □国内 □亚洲 □国际 |
| ISO 资格认证 | | □ISO 9000　□ISO 14000 |
| 产品研发 | | □P2　　□P3　　□P4 |
| 合　计 | | |

利润表
单位：百万元

| 项目 | 上年数 | 本年数 |
|---|---|---|
| 一、销售收入 | | |
| 　　减：直接成本 | | |
| 二、毛利 | | |
| 　　减：综合费用 | | |
| 三、折旧前利润 | | |
| 　　减：折旧 | | |
| 四、支付利息前利润 | | |
| 　　减：财务费用 | | |
| 五、税前利润 | | |
| 　　减：所得税 | | |
| 六、净利润 | | |

# 资产负债表

单位：百万元

| 资产 | 年初数 | 年末数 | 负债和权益 | 年初数 | 年末数 |
|---|---|---|---|---|---|
| 现金 | | | 长期贷款 | | |
| 应收款 | | | 短期贷款 | | |
| 在制品 | | | 应交所得税 | | |
| 产成品 | | | 负债合计 | | |
| 原材料 | | | | | |
| 流动资产合计 | | | | | |
| 厂房 | | | 股东资本 | | |
| 机器设备 | | | 利润留存 | | |
| 在建工程 | | | 年度净利 | | |
| 固定资产合计 | | | 所有者权益合计 | | |
| 资产总计 | | | 负债和权益总计 | | |

## 第 4 年会计报表

综合管理费用明细表

单位：百万元

| 项目 | 金额 | 备注 |
|---|---|---|
| 管理费 | | |
| 广告费 | | |
| 维修费 | | |
| 损　失 | | |
| 转产费 | | |
| 厂房租金 | | |
| 新市场开拓 | | □区域　□国内　□亚洲　□国际 |
| ISO 资格认证 | | □ISO 9000　　□ISO 14000 |
| 产品研发 | | □P2　　　□P3　　　□P4 |
| 合　计 | | |

利润表

单位：百万元

| 项目 | 上年数 | 本年数 |
|---|---|---|
| 一、销售收入 | | |
| 　　减：直接成本 | | |
| 二、毛利 | | |
| 　　减：综合费用 | | |
| 三、折旧前利润 | | |
| 　　减：折旧 | | |
| 四、支付利息前利润 | | |
| 　　减：财务费用 | | |
| 五、税前利润 | | |
| 　　减：所得税 | | |
| 六、净利润 | | |

## 资产负债表

单位：百万元

| 资产 | 年初数 | 年末数 | 负债和权益 | 年初数 | 年末数 |
|---|---|---|---|---|---|
| 现金 | | | 长期贷款 | | |
| 应收款 | | | 短期贷款 | | |
| 在制品 | | | 应交所得税 | | |
| 产成品 | | | 负债合计 | | |
| 原材料 | | | | | |
| 流动资产合计 | | | | | |
| 厂房 | | | 股东资本 | | |
| 机器设备 | | | 利润留存 | | |
| 在建工程 | | | 年度净利 | | |
| 固定资产合计 | | | 所有者权益合计 | | |
| 资产总计 | | | 负债和权益总计 | | |

## 第 5 年会计报表

综合管理费用明细表

利润表

单位：百万元

单位：百万元

| 项目 | 金额 | 备注 |
|---|---|---|
| 管理费 | | |
| 广告费 | | |
| 维修费 | | |
| 损　失 | | |
| 转产费 | | |
| 厂房租金 | | |
| 新市场开拓 | | □区域 □国内 □亚洲 □国际 |
| ISO 资格认证 | | □ISO 9000 　□ISO 14000 |
| 产品研发 | | □P2 　□P3 　□P4 |
| 合　计 | | |

| 项目 | 上年数 | 本年数 |
|---|---|---|
| 一、销售收入 | | |
| 　减：直接成本 | | |
| 二、毛利 | | |
| 　减：综合费用 | | |
| 三、折旧前利润 | | |
| 　减：折旧 | | |
| 四、支付利息前利润 | | |
| 　减：财务费用 | | |
| 五、税前利润 | | |
| 　减：所得税 | | |
| 六、净利润 | | |

## 资产负债表

单位：百万元

| 资产 | 年初数 | 年末数 | 负债和权益 | 年初数 | 年末数 |
|---|---|---|---|---|---|
| 现金 | | | 长期贷款 | | |
| 应收款 | | | 短期贷款 | | |
| 在制品 | | | 应交所得税 | | |
| 产成品 | | | 负债合计 | | |
| 原材料 | | | | | |
| 流动资产合计 | | | | | |
| 厂房 | | | 股东资本 | | |
| 机器设备 | | | 利润留存 | | |
| 在建工程 | | | 年度净利 | | |
| 固定资产合计 | | | 所有者权益合计 | | |
| 资产总计 | | | 负债和权益总计 | | |

## 第 6 年会计报表

<table>
<tr><td colspan="3">综合管理费用明细表</td><td colspan="3">利润表</td></tr>
<tr><td colspan="3" align="right">单位：百万元</td><td colspan="3" align="right">单位：百万元</td></tr>
<tr><td>项目</td><td>金额</td><td>备注</td><td>项目</td><td>上年数</td><td>本年数</td></tr>
<tr><td>管理费</td><td></td><td></td><td>一、销售收入</td><td></td><td></td></tr>
<tr><td>广告费</td><td></td><td></td><td>　　减：直接成本</td><td></td><td></td></tr>
<tr><td>维修费</td><td></td><td></td><td>二、毛利</td><td></td><td></td></tr>
<tr><td>损　失</td><td></td><td></td><td>　　减：综合费用</td><td></td><td></td></tr>
<tr><td>转产费</td><td></td><td></td><td>三、折旧前利润</td><td></td><td></td></tr>
<tr><td>厂房租金</td><td></td><td></td><td>　　减：折旧</td><td></td><td></td></tr>
<tr><td>新市场开拓</td><td></td><td>□区域 □国内 □亚洲 □国际</td><td>四、支付利息前利润</td><td></td><td></td></tr>
<tr><td>ISO 资格认证</td><td></td><td>□ISO 9000　　□ISO 14000</td><td>　　减：财务费用</td><td></td><td></td></tr>
<tr><td>产品研发</td><td></td><td>□P2　　□P3　　□P4</td><td>五、税前利润</td><td></td><td></td></tr>
<tr><td>合　计</td><td></td><td></td><td>　　减：所得税</td><td></td><td></td></tr>
<tr><td></td><td></td><td></td><td>六、净利润</td><td></td><td></td></tr>
</table>

## 资产负债表

单位：百万元

| 资产 | 年初数 | 年末数 | 负债和权益 | 年初数 | 年末数 |
|---|---|---|---|---|---|
| 现金 | | | 长期贷款 | | |
| 应收款 | | | 短期贷款 | | |
| 在制品 | | | 应交所得税 | | |
| 产成品 | | | 负债合计 | | |
| 原材料 | | | | | |
| 流动资产合计 | | | | | |
| 厂房 | | | 股东资本 | | |
| 机器设备 | | | 利润留存 | | |
| 在建工程 | | | 年度净利 | | |
| 固定资产合计 | | | 所有者权益合计 | | |
| 资产总计 | | | 负债和权益总计 | | |

组号：

## 贷款登记表

| | | | 第1年 | 第2年 | 第3年 | 第4年 | 第5年 | 第6年 |
|---|---|---|---|---|---|---|---|---|
| 上年末所有者权益 | | | 66 | | | | | |
| 本年<br>年初 | | 额度 | 180 | | | | | |
| | | 已贷 | 40 | | | | | |
| | | 可贷 | 140 | | | | | |
| 长期<br>贷款 | | 借款 | | | | | | |
| | | 付息 | | | | | | |
| | | 还本 | | | | | | |
| 短期贷款 | 借款 | 1季 | | | | | | |
| | | 2季 | | | | | | |
| | | 3季 | | | | | | |
| | | 4季 | | | | | | |
| | 还本付息 | 1季 | | | | | | |
| | | 2季 | | | | | | |
| | | 3季 | | | | | | |
| | | 4季 | | | | | | |

組号：

編号：E4

## 第 1 年现金预算表

| | 一季度 | 二季度 | 三季度 | 四季度 |
|---|---|---|---|---|
| **1. 期初库存现金** | | | | |
| 2. 广告投入 | | | | |
| 3. 支付上年所得税 | | | | |
| 4. 支付长贷利息 | | | | |
| 5. 支付到期长贷本金 | | | | |
| 6. 支付到期短贷本金和利息 | | | | |
| 7. 原料入库支付现金 | | | | |
| 8. 购买／租用厂房 | | | | |
| 9. 生产线投资／转产费用 | | | | |
| 10. 支付产品加工费 | | | | |
| **11. 收到现金前的支出合一** | | | | |
| 12. 应收款到期 | | | | |
| 13. 产品研发投资 | | | | |
| 14. 行政管理费 | | | | |
| 15. 厂房租金（续租） | | | | |
| 16. 设备维修费 | | | | |
| 17. 市场开拓投资 | | | | |
| 18. ISO 认证投资 | | | | |
| 19. 其他 | | | | |
| 20. 现金收入合计 | | | | |
| 21. 现金支出合计 | | | | |
| 22. 现金盈余或不足 | | | | |
| 23. 向银行借款 | | | | |
| 24. 贴现收到现金 | | | | |
| **25. 期末现金余额** | | | | |

139

第九章 ERP 沙盘模拟实战手册

## 第 2 年现金预算表

| | 一季度 | 二季度 | 三季度 | 四季度 |
|---|---|---|---|---|
| **1.** 期初库存现金 | | | | |
| 2. 广告投入 | | | | |
| 3. 支付上年所得税 | | | | |
| 4. 支付长贷利息 | | | | |
| 5. 支付到期长贷本金 | | | | |
| 6. 支付到期短贷本金和利息 | | | | |
| 7. 原料入库支付现金 | | | | |
| 8. 购买／租用厂房 | | | | |
| 9. 生产线投资／转产费用 | | | | |
| 10. 支付产品加工费 | | | | |
| **11.** 收到现金前的支出合计 | | | | |
| 12. 应收款到期 | | | | |
| 13. 产品研发投资 | | | | |
| 14. 行政管理费 | | | | |
| 15. 厂房租金（续租） | | | | |
| 16. 设备维修费 | | | | |
| 17. 市场开拓投资 | | | | |
| 18. **ISO** 认证投资 | | | | |
| 19. 其他 | | | | |
| 20. 现金收入合计 | | | | |
| 21. 现金支出合计 | | | | |
| 22. 现金盈余或不足 | | | | |
| 23. 向银行借款 | | | | |
| 24. 贴现收到现金 | | | | |
| **25.** 期末现金余额 | | | | |

## 第 3 年现金预算表

| | 一季度 | 二季度 | 三季度 | 四季度 |
|---|---|---|---|---|
| **1. 期初库存现金** | | | | |
| 2. 广告投入 | | | | |
| 3. 支付上年所得税 | | | | |
| 4. 支付长贷利息 | | | | |
| 5. 支付到期长贷本金 | | | | |
| 6. 支付到期短贷本金和利息 | | | | |
| 7. 原料入库支付现金 | | | | |
| 8. 购买／租用厂房 | | | | |
| 9. 生产线投资／转产费用 | | | | |
| 10. 支付产品加工费 | | | | |
| **11. 收到现金前的支出合计** | | | | |
| 12. 应收款到期 | | | | |
| 13. 产品研发投资 | | | | |
| 14. 行政管理费 | | | | |
| 15. 厂房租金（续租） | | | | |
| 16. 设备维修费 | | | | |
| 17. 市场开拓投资 | | | | |
| 18. ISO 认证投资 | | | | |
| 19. 其他 | | | | |
| 20. 现金收入合计 | | | | |
| 21. 现金支出合计 | | | | |
| 22. 现金盈余或不足 | | | | |
| 23. 向银行借款 | | | | |
| 24. 贴现收到现金 | | | | |
| **25. 期末现金余额** | | | | |

## 第 4 年现金预算表

| | 一季度 | 二季度 | 三季度 | 四季度 |
|---|---|---|---|---|
| 1. 期初库存现金 | | | | |
| 2. 广告投入 | | | | |
| 3. 支付上年所得税 | | | | |
| 4. 支付长贷利息 | | | | |
| 5. 支付到期长贷本金 | | | | |
| 6. 支付到期短贷本金和利息 | | | | |
| 7. 原料入库支付现金 | | | | |
| 8. 购买／租用厂房 | | | | |
| 9. 生产线投资／转产费用 | | | | |
| 10. 支付产品加工费 | | | | |
| 11. 收到现金前的支出合计 | | | | |
| 12. 应收款到期 | | | | |
| 13. 产品研发投资 | | | | |
| 14. 行政管理费 | | | | |
| 15. 厂房租金（续租） | | | | |
| 16. 设备维修费 | | | | |
| 17. 市场开拓投资 | | | | |
| 18. ISO 认证投资 | | | | |
| 19. 其他 | | | | |
| 20. 现金收入合计 | | | | |
| 21. 现金支出合计 | | | | |
| 22. 现金盈余或不足 | | | | |
| 23. 向银行借款 | | | | |
| 24. 贴现收到现金 | | | | |
| 25. 期末现金余额 | | | | |

## 第 5 年现金预算表

| | 一季度 | 二季度 | 三季度 | 四季度 |
|---|---|---|---|---|
| **1. 期初库存现金** | | | | |
| 2. 广告投入 | | | | |
| 3. 支付上年所得税 | | | | |
| 4. 支付长贷利息 | | | | |
| 5. 支付到期长贷本金 | | | | |
| 6. 支付到期短贷本金和利息 | | | | |
| 7. 原料入库支付现金 | | | | |
| 8. 购买 / 租用厂房 | | | | |
| 9. 生产线投资 / 转产费用 | | | | |
| 10. 支付产品加工费 | | | | |
| **11. 收到现金前的支出合计** | | | | |
| 12. 应收款到期 | | | | |
| 13. 产品研发投资 | | | | |
| 14. 行政管理费 | | | | |
| 15. 厂房租金（续租） | | | | |
| 16. 设备维修费 | | | | |
| 17. 市场开拓投资 | | | | |
| 18. ISO 认证投资 | | | | |
| 19. 其他 | | | | |
| 20. 现金收入合计 | | | | |
| 21. 现金支出合计 | | | | |
| 22. 现金盈余或不足 | | | | |
| 23. 向银行借款 | | | | |
| 24. 贴现收到现金 | | | | |
| **25. 期末现金余额** | | | | |

## 第 6 年现金预算表

| | 一季度 | 二季度 | 三季度 | 四季度 |
|---|---|---|---|---|
| 1. 期初库存现金 | | | | |
| 2. 广告投入 | | | | |
| 3. 支付上年所得税 | | | | |
| 4. 支付长贷利息 | | | | |
| 5. 支付到期长贷本金 | | | | |
| 6. 支付到期短贷本金和利息 | | | | |
| 7. 原料入库支付现金 | | | | |
| 8. 购买／租用厂房 | | | | |
| 9. 生产线投资／转产费用 | | | | |
| 10. 支付产品加工费 | | | | |
| 11. 收到现金前的支出合计 | | | | |
| 12. 应收款到期 | | | | |
| 13. 产品研发投资 | | | | |
| 14. 行政管理费 | | | | |
| 15. 厂房租金（续租） | | | | |
| 16. 设备维修费 | | | | |
| 17. 市场开拓投资 | | | | |
| 18. ISO 认证投资 | | | | |
| 19. 其他 | | | | |
| 20. 现金收入合计 | | | | |
| 21. 现金支出合计 | | | | |
| 22. 现金盈余或不足 | | | | |
| 23. 向银行借款 | | | | |
| 24. 贴现收到现金 | | | | |
| 25. 期末现金余额 | | | | |

## 第 1 年电子沙盘经营记录

| | 经营流程 | 系统操作 | 手工记录 | | |
|---|---|---|---|---|---|
| 年初任务 | 新年度规划会议 | | | | |
| | 投放广告 | 输入广告费并确认 | | | |
| | 支付上年所得税 | 系统自动 | | | |
| | 更新长贷 / 长贷本付息 | 系统自动 | | | |
| | 参加订货会 | 选单 | | | |
| | 申请长贷 | 输入贷款数额并确认 | | | |
| 当季开始 | 更新短贷 / 短贷本付息 | 系统自动 | | | |
| | 更新生产 / 完工入库 | 系统自动 | | | |
| | 检测生产线完工情况 | 系统自动 | | | |
| 1 | 申请短贷 | 输入贷款数额并确认 | | | |
| 2 | 更新原料库 | 系统自动扣减现金，确认 | | | |
| 3 | 下原料订单 | 输入并确认 | | | |
| 4 | 购买 / 租用厂房 | 选择并确认 | | | |
| 5 | 新建 / 在建 / 转产 / 变卖生产线 | 选择并确认 | | | |
| 6 | 开始下一批生产 | 选择并确认 | | | |
| 7 | 应收款更新 | 输入到期应收款的金额并确认 | | | |
| 8 | 按订单交货 | 选择并确认 | | | |
| 9 | 产品研发 | 选择并确认 | | | |
| 10 | 厂房处理 | 选择并确认 | | | |
| 11 | 市场开拓 / ISO 认证 | 选择并确认（仅第四季） | | | |
| 特殊任务 | 厂房贴现 | 选择并确认（随时进行） | | | |
| | 紧急采购 | 输入并确认（随时进行） | | | |
| | 出售库存 | 输入并确认（随时进行） | | | |
| | 应收款贴现 | 输入并确认（随时进行） | | | |
| 当季结束 | 支付行政管理费 | 系统自动 | | | |
| | 支付租金 | 系统自动 | | | |
| | 检测产品开发完成情况 | 系统自动 | | | |
| 当年结束 | 检测新市场 / ISO 资格完成情况 | 系统自动 | | | |
| | 支付设备维修费 | 系统自动 | | | |
| | 计提折旧 | 系统自动 | | | |
| | 违约罚款 | 系统自动 | | | |

## 第 2 年电子沙盘经营记录

| | 经营流程 | 系统操作 | 手工记录 | | |
|---|---|---|---|---|---|
| 年初任务 | 新年度规划会议 | | | | |
| | 投放广告 | 输入广告费并确认 | | | |
| | 支付上年所得税 | 系统自动 | | | |
| | 更新长贷／长贷还本付息 | 系统自动 | | | |
| | 参加订货会 | 选单 | | | |
| | 申请长贷 | 输入贷款数额并确认 | | | |
| 当季开始 | 更新短贷／短贷还本付息 | 系统自动 | | | |
| | 更新生产／完工入库 | 系统自动 | | | |
| | 检测生产线完工情况 | 系统自动 | | | |
| 1 | 申请短贷 | 输入贷款数额并确认 | | | |
| 2 | 更新原料库 | 系统自动扣减现金，确认 | | | |
| 3 | 下原料订单 | 输入并确认 | | | |
| 4 | 购买／租用厂房 | 选择并确认 | | | |
| 5 | 新建／在建／转产／变卖生产线 | 选择并确认 | | | |
| 6 | 开始下一批生产 | 选择并确认 | | | |
| 7 | 应收款更新 | 输入到期应收款的金额并确认 | | | |
| 8 | 按订单交货 | 选择并确认 | | | |
| 9 | 产品研发 | 选择并确认 | | | |
| 10 | 厂房处理 | 选择并确认 | | | |
| 11 | 市场开拓／ISO 投资 | 选择并确认（仅第四季） | | | |
| 特殊任务 | 厂房贴现 | 选择并确认（随时进行） | | | |
| | 紧急采购 | 输入并确认（随时进行） | | | |
| | 出售库存 | 输入并确认（随时进行） | | | |
| | 应收款贴现 | 输入并确认（随时进行） | | | |
| 当季结束 | 支付行政管理费 | 系统自动 | | | |
| | 支付租金 | 系统自动 | | | |
| | 检测产品开发完成情况 | 系统自动 | | | |
| 当年结束 | 检测新市场／ISO 资格完成情况 | 系统自动 | | | |
| | 支付设备维修费 | 系统自动 | | | |
| | 计提折旧 | 系统自动 | | | |
| | 违约罚款 | 系统自动 | | | |

## 第 3 年电子沙盘经营记录

| 经营流程 | | 系统操作 | 手工记录 | | | | |
|---|---|---|---|---|---|---|---|
| 年初任务 | 新年度规划会议 | | | | | | |
| | 投放广告 | 输入广告费并确认 | | | | | |
| | 支付上年所得税 | 系统自动 | | | | | |
| | 更新长贷 / 长贷还本付息 | 系统自动 | | | | | |
| | 参加订货会 | 选单 | | | | | |
| | 申请长贷 | 输入贷款数额并确认 | | | | | |
| 当季开始 | 更新短贷 / 短贷还本付息 | 系统自动 | | | | | |
| | 更新生产 / 完工入库 | 系统自动 | | | | | |
| | 检测生产线完工情况 | 系统自动 | | | | | |
| 1 | 申请短贷 | 输入贷款数额并确认 | | | | | |
| 2 | 更新原料库 | 系统自动扣减现金，确认 | | | | | |
| 3 | 下原料订单 | 输入并确认 | | | | | |
| 4 | 购买 / 租用厂房 | 选择并确认 | | | | | |
| 5 | 新建 / 在建 / 转产 / 变卖生产线 | 选择并确认 | | | | | |
| 6 | 开始下一批生产 | 选择并确认 | | | | | |
| 7 | 应收款更新 | 输入到期应收款的金额并确认 | | | | | |
| 8 | 按订单交货 | 选择并确认 | | | | | |
| 9 | 产品研发 | 选择并确认 | | | | | |
| 10 | 厂房处理 | 选择并确认 | | | | | |
| 11 | 市场开拓 / ISO 投资 | 选择并确认（仅第四季） | | | | | |
| 特殊任务 | 厂房贴现 | 选择并确认（随时进行） | | | | | |
| | 紧急采购 | 输入并确认（随时进行） | | | | | |
| | 出售库存 | 输入并确认（随时进行） | | | | | |
| | 应收款贴现 | 输入并确认（随时进行） | | | | | |
| 当季结束 | 支付行政管理费 | 系统自动 | | | | | |
| | 支付租金 | 系统自动 | | | | | |
| | 检测产品开发完成情况 | 系统自动 | | | | | |
| 当年结束 | 检测新市场 / ISO 资格完成情况 | 系统自动 | | | | | |
| | 支付设备维修费 | 系统自动 | | | | | |
| | 计提折旧 | 系统自动 | | | | | |
| | 违约罚款 | 系统自动 | | | | | |

## 第 4 年电子沙盘经营记录

| | 经营流程 | 系统操作 | 手工记录 | | | |
|---|---|---|---|---|---|---|
| 年初任务 | 新年度规划会议 | | | | | |
| | 投放广告 | 输入广告费并确认 | | | | |
| | 支付上年所得税 | 系统自动 | | | | |
| | 更新长贷 / 长贷还本付息 | 系统自动 | | | | |
| | 参加订货会 | 选单 | | | | |
| | 申请长贷 | 输入贷款数额并确认 | | | | |
| 当季开始 | 更新短贷 / 短贷还本付息 | 系统自动 | | | | |
| | 更新生产 / 完工入库 | 系统自动 | | | | |
| | 检测生产线完工情况 | 系统自动 | | | | |
| 1 | 申请短贷 | 输入贷款数额并确认 | | | | |
| 2 | 更新原料库 | 系统自动扣减现金，确认 | | | | |
| 3 | 下原料订单 | 输入并确认 | | | | |
| 4 | 购买 / 租用厂房 | 选择并确认 | | | | |
| 5 | 新建 / 在建 / 转产 / 变卖生产线 | 选择并确认 | | | | |
| 6 | 开始下一批生产 | 选择并确认 | | | | |
| 7 | 应收款更新 | 输入到期应收款的金额并确认 | | | | |
| 8 | 按订单交货 | 选择并确认 | | | | |
| 9 | 产品研发 | 选择并确认 | | | | |
| 10 | 厂房处理 | 选择并确认 | | | | |
| 11 | 市场开拓 / ISO 投资 | 选择并确认（仅第四季） | | | | |
| 特殊任务 | 厂房贴现 | 选择并确认（随时进行） | | | | |
| | 紧急采购 | 输入并确认（随时进行） | | | | |
| | 出售库存 | 输入并确认（随时进行） | | | | |
| | 应收款贴现 | 输入并确认（随时进行） | | | | |
| 当季结束 | 支付行政管理费 | 系统自动 | | | | |
| | 支付租金 | 系统自动 | | | | |
| | 检测产品开发完成情况 | 系统自动 | | | | |
| 当年结束 | 检测新市场 / ISO 资格完成情况 | 系统自动 | | | | |
| | 支付设备维修费 | 系统自动 | | | | |
| | 计提折旧 | 系统自动 | | | | |
| | 违约罚款 | 系统自动 | | | | |

組号：　　　　　　　　　　　　　　　　　　　　　　　　　　　　　　　　编号：F1

## 第 5 年电子沙盘经营记录

| | 经营记录 | 系统操作 | 手工记录 | | |
|---|---|---|---|---|---|
| 年初任务 | 新年度规划会议 | | | | |
| | 投放广告 | 输入广告费并确认 | | | |
| | 支付上年所得税 | 系统自动 | | | |
| | 更新长贷／长贷还息付息 | 系统自动 | | | |
| | 参加订货会 | 选单 | | | |
| | 申请长贷 | 输入贷款数额并确认 | | | |
| 当季开始 | 更新短贷／短贷还息付息 | 系统自动 | | | |
| | 更新生产／完工入库 | 系统自动 | | | |
| | 检测生产线完工情况 | 系统自动 | | | |
| 1 | 申请短贷 | 输入贷款数额并确认 | | | |
| 2 | 更新原料库 | 系统自动扣减现金，确认 | | | |
| 3 | 下原料订单 | 输入并确认 | | | |
| 4 | 购买／租用厂房 | 选择并确认 | | | |
| 5 | 新建／在建／转产／变卖生产线 | 选择并确认 | | | |
| 6 | 开始下一批生产 | 选择并确认 | | | |
| 7 | 应收款更新 | 输入到期应收款的金额并确认 | | | |
| 8 | 按订单交货 | 选择并确认 | | | |
| 9 | 产品研发 | 选择并确认 | | | |
| 10 | 厂房处理 | 选择并确认 | | | |
| 11 | 市场开拓／ISO认证 | 选择并确认（仅第四季） | | | |
| 特殊任务 | 厂房贴现 | 选择并确认（随时进行） | | | |
| | 紧急采购 | 输入并确认（随时进行） | | | |
| | 出售库存 | 输入并确认（随时进行） | | | |
| | 应收款贴现 | 输入并确认（随时进行） | | | |
| 当季结束 | 支付行政管理费 | 系统自动 | | | |
| | 支付租金 | 系统自动 | | | |
| | 检测产品开发完成情况 | 系统自动 | | | |
| 当年结束 | 检测新市场／ISO资格完成情况 | 系统自动 | | | |
| | 支付设备维修费 | 系统自动 | | | |
| | 计提折旧 | 系统自动 | | | |
| | 违约罚款 | 系统自动 | | | |

组号：　　　　　　　　　　　　　　　　　　　　　　　　　　　　　编号：F1

## 第 6 年电子沙盘经营记录

| | 经营流程 | 系统操作 | 手工记录 | | | |
|---|---|---|---|---|---|---|
| 年初任务 | 新年度规划会议 | | | | | |
| | 投放广告 | 输入广告费并确认 | | | | |
| | 支付上年所得税 | 系统自动 | | | | |
| | 更新长贷 / 长贷还本付息 | 系统自动 | | | | |
| | 参加订货会 | 选单 | | | | |
| | 申请长贷 | 输入贷款数额并确认 | | | | |
| 当季开始 | 更新短贷 / 短贷还本付息 | 系统自动 | | | | |
| | 更新生产 / 完工入库 | 系统自动 | | | | |
| | 检测生产线完工情况 | 系统自动 | | | | |
| 1 | 申请短贷 | 输入贷款数额并确认 | | | | |
| 2 | 更新原料库 | 系统自动扣减现金，确认 | | | | |
| 3 | 下原料订单 | 输入并确认 | | | | |
| 4 | 购买 / 租用厂房 | 选择并确认 | | | | |
| 5 | 新建 / 在建 / 转产 / 变卖生产线 | 选择并确认 | | | | |
| 6 | 开始下一批生产 | 选择并确认 | | | | |
| 7 | 应收款更新 | 输入到期应收款的金额并确认 | | | | |
| 8 | 按订单交货 | 选择并确认 | | | | |
| 9 | 产品研发 | 选择并确认 | | | | |
| 10 | 厂房处理 | 选择并确认 | | | | |
| 11 | 市场开拓 / ISO 投资 | 选择并确认（仅第四季） | | | | |
| 特殊任务 | 厂房贴现 | 选择并确认（随时进行） | | | | |
| | 紧急采购 | 输入并确认（随时进行） | | | | |
| | 出售库存 | 输入并确认（随时进行） | | | | |
| | 应收款贴现 | 输入并确认（随时进行） | | | | |
| 当季结束 | 支付行政管理费 | 系统自动 | | | | |
| | 支付租金 | 系统自动 | | | | |
| | 检测产品开发完成情况 | 系统自动 | | | | |
| 当年结束 | 检测新市场 / ISO 资格完成情况 | 系统自动 | | | | |
| | 支付设备维修费 | 系统自动 | | | | |
| | 计提折旧 | 系统自动 | | | | |
| | 违约罚款 | 系统自动 | | | | |

## 第 1 年电子沙盘会计报表

综合管理费用明细表

单位：百万元

| 项目 | 金额 |
|---|---|
| 管理费 | |
| 广告费 | |
| 维修费 | |
| 损 失 | |
| 转产费 | |
| 厂房租金 | |
| 新市场开拓 | |
| ISO 资格认证 | |
| 产品研发 | |
| 合 计 | |

利润表

单位：百万元

| 项目 | 上年数 | 本年数 |
|---|---|---|
| 一、销售收入 | | |
| 减：直接成本 | | |
| 二、毛利 | | |
| 减：综合费用 | | |
| 三、折旧前利润 | | |
| 减：折旧 | | |
| 四、支付利息前利润 | | |
| 减：财务费用 | | |
| 五、税前利润 | | |
| 减：所得税 | | |
| 六、净利润 | | |

## 资产负债表

单位：百万元

| 资产 | 年初数 | 年末数 | 负债和权益 | 年初数 | 年末数 |
|---|---|---|---|---|---|
| 现金 | | | 长期贷款 | | |
| 应收款 | | | 短期贷款 | | |
| 在制品 | | | 应交所得税 | | |
| 产成品 | | | 负债合计 | | |
| 原材料 | | | | | |
| 流动资产合计 | | | | | |
| 厂房 | | | 股东资本 | | |
| 机器设备 | | | 利润留存 | | |
| 在建工程 | | | 年度净利 | | |
| 固定资产合计 | | | 所有者权益合计 | | |
| 资产总计 | | | 负债和权益总计 | | |

组号：

编号：F2

# 第 2 年电子沙盘会计报表

综合管理费用明细表

利润表

单位：百万元

单位：百万元

| 项目 | 金额 |
|---|---|
| 管理费 | |
| 广告费 | |
| 维修费 | |
| 损　失 | |
| 转产费 | |
| 厂房租金 | |
| 新市场开拓 | |
| ISO 资格认证 | |
| 产品研发 | |
| 合　计 | |

| 项目 | 上年数 | 本年数 |
|---|---|---|
| 一、销售收入 | | |
| 　减：直接成本 | | |
| 二、毛利 | | |
| 　减：综合费用 | | |
| 三、折旧前利润 | | |
| 　减：折旧 | | |
| 四、支付利息前利润 | | |
| 　减：财务费用 | | |
| 五、税前利润 | | |
| 　减：所得税 | | |
| 六、净利润 | | |

## 资产负债表

单位：百万元

| 资产 | 年初数 | 年末数 | 负债和权益 | 年初数 | 年末数 |
|---|---|---|---|---|---|
| 现金 | | | 长期贷款 | | |
| 应收款 | | | 短期贷款 | | |
| 在制品 | | | 应交所得税 | | |
| 产成品 | | | 负债合计 | | |
| 原材料 | | | | | |
| 流动资产合计 | | | | | |
| 厂房 | | | 股东资本 | | |
| 机器设备 | | | 利润留存 | | |
| 在建工程 | | | 年度净利 | | |
| 固定资产合计 | | | 所有者权益合计 | | |
| 资产总计 | | | 负债和权益总计 | | |

# 第 3 年电子沙盘会计报表

综合管理费用明细表

利润表

单位：百万元

单位：百万元

| 项目 | 金额 |
|---|---|
| 管理费 | |
| 广告费 | |
| 维修费 | |
| 损　失 | |
| 转产费 | |
| 厂房租金 | |
| 新市场开拓 | |
| ISO 资格认证 | |
| 产品研发 | |
| 合　计 | |

| 项目 | 上年数 | 本年数 |
|---|---|---|
| 一、销售收入 | | |
| 　减：直接成本 | | |
| 二、毛利 | | |
| 　减：综合费用 | | |
| 三、折旧前利润 | | |
| 　减：折旧 | | |
| 四、支付利息前利润 | | |
| 　减：财务费用 | | |
| 五、税前利润 | | |
| 　减：所得税 | | |
| 六、净利润 | | |

## 资产负债表

单位：百万元

| 资产 | 年初数 | 年末数 | 负债和权益 | 年初数 | 年末数 |
|---|---|---|---|---|---|
| 现金 | | | 长期贷款 | | |
| 应收款 | | | 短期贷款 | | |
| 在制品 | | | 应交所得税 | | |
| 产成品 | | | 负债合计 | | |
| 原材料 | | | | | |
| 流动资产合计 | | | | | |
| 厂房 | | | 股东资本 | | |
| 机器设备 | | | 利润留存 | | |
| 在建工程 | | | 年度净利 | | |
| 固定资产合计 | | | 所有者权益合计 | | |
| 资产总计 | | | 负债和权益总计 | | |

组号：　　　　　　　　　　　　　　　　　　　　　　　　　　　　　　　　　编号：F2

## 第 4 年电子沙盘会计报表

综合管理费用明细表　　　　　　　　　　　　　　　　利润表

单位：百万元　　　　　　　　　　　　　　　　单位：百万元

| 项目 | 金额 |
|---|---|
| 管理费 | |
| 广告费 | |
| 维修费 | |
| 损　失 | |
| 转产费 | |
| 厂房租金 | |
| 新市场开拓 | |
| ISO 资格认证 | |
| 产品研发 | |
| 合　计 | |

| 项目 | 上年数 | 本年数 |
|---|---|---|
| 一、销售收入 | | |
| 　减：直接成本 | | |
| 二、毛利 | | |
| 　减：综合费用 | | |
| 三、折旧前利润 | | |
| 　减：折旧 | | |
| 四、支付利息前利润 | | |
| 　减：财务费用 | | |
| 五、税前利润 | | |
| 　减：所得税 | | |
| 六、净利润 | | |

## 资产负债表

单位：百万元

| 资产 | 年初数 | 年末数 | 负债和权益 | 年初数 | 年末数 |
|---|---|---|---|---|---|
| 现金 | | | 长期贷款 | | |
| 应收款 | | | 短期贷款 | | |
| 在制品 | | | 应交所得税 | | |
| 产成品 | | | 负债合计 | | |
| 原材料 | | | | | |
| 流动资产合计 | | | | | |
| 厂房 | | | 股东资本 | | |
| 机器设备 | | | 利润留存 | | |
| 在建工程 | | | 年度净利 | | |
| 固定资产合计 | | | 所有者权益合计 | | |
| 资产总计 | | | 负债和权益总计 | | |

## 第5年电子沙盘会计报表

综合管理费用明细表

单位：百万元

| 项目 | 金额 |
|---|---|
| 管理费 | |
| 广告费 | |
| 维修费 | |
| 损　失 | |
| 转产费 | |
| 厂房租金 | |
| 新市场开拓 | |
| ISO 资格认证 | |
| 产品研发 | |
| 合　计 | |

利润表

单位：百万元

| 项目 | 上年数 | 本年数 |
|---|---|---|
| 一、销售收入 | | |
| 　　减：直接成本 | | |
| 二、毛利 | | |
| 　　减：综合费用 | | |
| 三、折旧前利润 | | |
| 　　减：折旧 | | |
| 四、支付利息前利润 | | |
| 　　减：财务费用 | | |
| 五、税前利润 | | |
| 　　减：所得税 | | |
| 六、净利润 | | |

### 资产负债表

单位：百万元

| 资产 | 年初数 | 年末数 | 负债和权益 | 年初数 | 年末数 |
|---|---|---|---|---|---|
| 现金 | | | 长期贷款 | | |
| 应收款 | | | 短期贷款 | | |
| 在制品 | | | 应交所得税 | | |
| 产成品 | | | 负债合计 | | |
| 原材料 | | | | | |
| 流动资产合计 | | | | | |
| 厂房 | | | 股东资本 | | |
| 机器设备 | | | 利润留存 | | |
| 在建工程 | | | 年度净利 | | |
| 固定资产合计 | | | 所有者权益合计 | | |
| 资产总计 | | | 负债和权益总计 | | |

组号：

# 第 6 年电子沙盘会计报表

综合管理费用明细表

单位：百万元

| 项目 | 金额 |
|---|---|
| 管理费 | |
| 广告费 | |
| 维修费 | |
| 损　失 | |
| 转产费 | |
| 厂房租金 | |
| 新市场开拓 | |
| ISO 资格认证 | |
| 产品研发 | |
| 合　计 | |

利润表

单位：百万元

| 项目 | 上年数 | 本年数 |
|---|---|---|
| 一、销售收入 | | |
| 　　减：直接成本 | | |
| 二、毛利 | | |
| 　　减：综合费用 | | |
| 三、折旧前利润 | | |
| 　　减：折旧 | | |
| 四、支付利息前利润 | | |
| 　　减：财务费用 | | |
| 五、税前利润 | | |
| 　　减：所得税 | | |
| 六、净利润 | | |

## 资产负债表

单位：百万元

| 资产 | 年初数 | 年末数 | 负债和权益 | 年初数 | 年末数 |
|---|---|---|---|---|---|
| 现金 | | | 长期贷款 | | |
| 应收款 | | | 短期贷款 | | |
| 在制品 | | | 应交所得税 | | |
| 产成品 | | | 负债合计 | | |
| 原材料 | | | | | |
| 流动资产合计 | | | | | |
| 厂房 | | | 股东资本 | | |
| 机器设备 | | | 利润留存 | | |
| 在建工程 | | | 年度净利 | | |
| 固定资产合计 | | | 所有者权益合计 | | |
| 资产总计 | | | 负债和权益总计 | | |

# 附录

# 附录一　市场预测

## 一、6 组模式市场预测

　　这是由一家权威的市场调研机构对未来 6 年各个市场需求的预测，应该说这一预测有着很高的可信度。但根据这一预测进行企业的经营运作，其后果将由各企业自行承担。

　　P1 产品是目前市场上的主流技术，P2 作为对 P1 的技术改良产品，也比较容易获得大众的认同。P3 和 P4 产品作为 P 系列产品里的高端技术，各个市场上对它们的认同度不尽相同，需求量与价格也会有较大的差异。

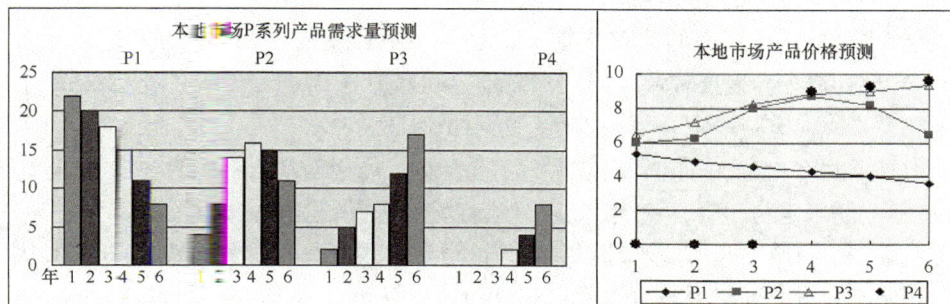

　　本地市场将会持续发展，客户对低端产品的需求可能要下滑。伴随着需求的减少，低端产品的价格很有可能会逐步走低。后几年，随着高端产品的成熟，市场对 P3、P4 产品的需求将会逐渐增大。同时随着时间的推移，客户的质量意识将不断提高，后几年可能会对厂商是否通过了 ISO 9000 认证和 ISO 14000 认证有更多的要求。

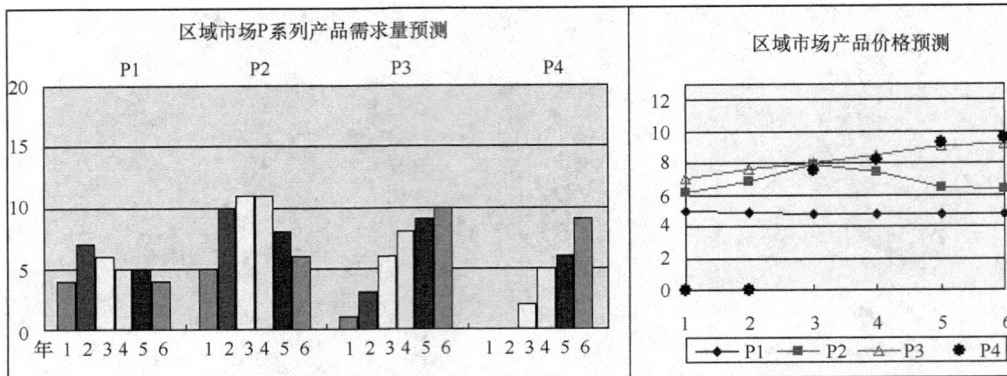

区域市场P系列产品需求量预测　　区域市场产品价格预测

　　区域市场的客户对 P 系列产品的喜好相对稳定，因此市场需求量的波动也很有可能会比较平稳。因其紧邻本地市场，所以产品需求量的走势可能与本地市场相似，价格趋势也应大致一样。该市场的客户比较乐于接受新的事物，因此对于高端产品也会比较有兴趣，但由于受到地域的限制，该市场的需求总量非常有限。并且这个市场上的客户相对比较挑剔，因此在后几年客户会对厂商是否通过了 ISO 9000 认证和 ISO 14000 认证有较高的要求。

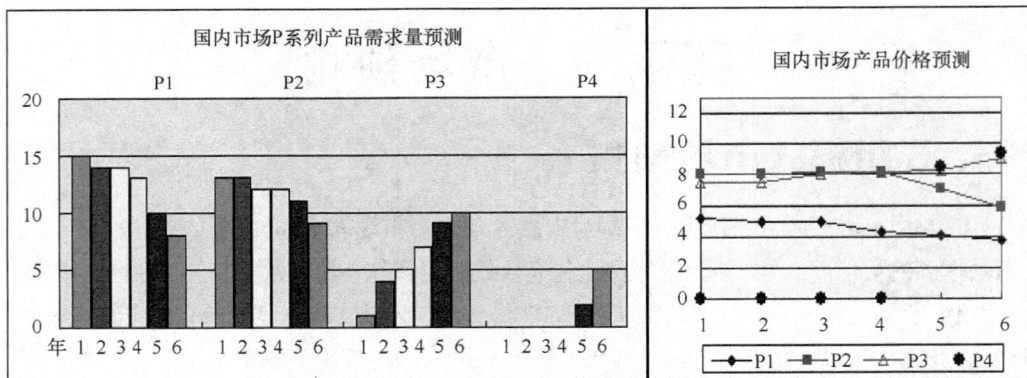

国内市场P系列产品需求量预测　　国内市场产品价格预测

　　因 P1 产品带有较浓的地域色彩，估计国内市场对 P1 产品不会有持久的需求。但 P2 产品因为更适合于国内市场，所以估计需求会一直比较平稳。随着对 P 系列产品新技术的逐渐认同，估计对 P3 产品的需求会发展较快，但这个市场上的客户对 P4 产品却并不是那么认同。当然，对于高端产品来说，客户一定会更注重产品的质量保证。

　　这个市场上的客户喜好一向波动较大，不易把握，所以对 P1 产品的需求可能起伏较大，估计 P2 产品的需求走势也会与 P1 相似。但该市场对新产品很敏感，因此估计对 P3、P4 产品的需求会发展较快，价格也可能不菲。另外，这个市场的消费者很看中产品的质量，所以在后几年里，如果厂商没有通过 ISO 9000 和 ISO 14000 的认证，其产品可能很难销售。

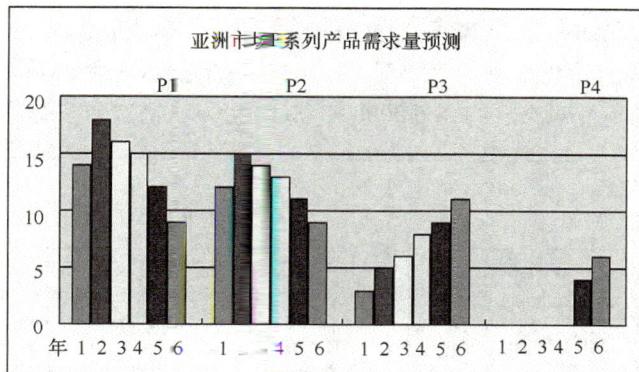

亚洲市场系列产品需求量预测

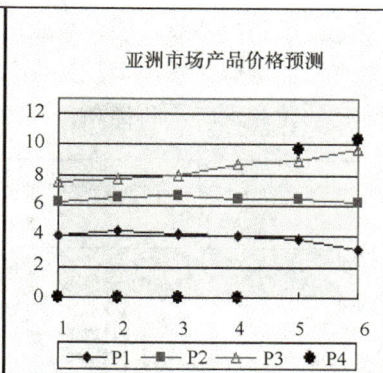

亚洲市场产品价格预测

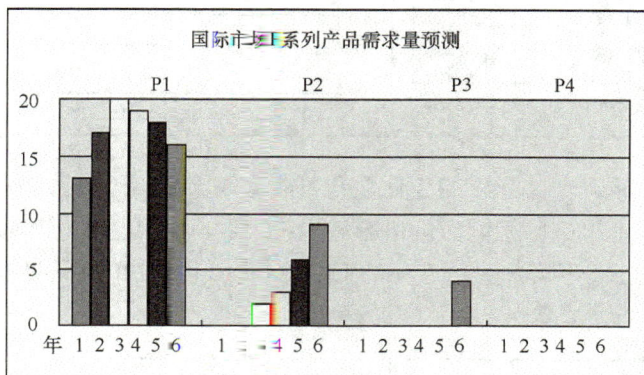

国际市场系列产品需求量预测

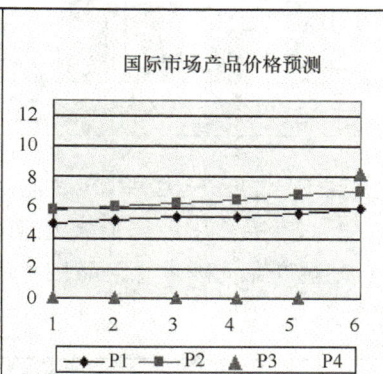

国际市场产品价格预测

　　进入国际市场可能需要一个较长的时期。有迹象表明，这一市场上的客户对 P1 产品已经有所认同，需求也会比较旺盛。对于 P2 产品，客户将会谨慎地接受，但仍需要一段时间才能被市场所接受。对于新型的技术，这一市场上的客户将会以观望为主，因此对于 P3 和 P4 产品的需求将会发展很慢。因为产品需求主要集中在低端，所以客户对于 ISO 的要求并不如其他几个市场那么高，但也不排除在后期会有这方面的需求。

# 二、8 组模式市场预测

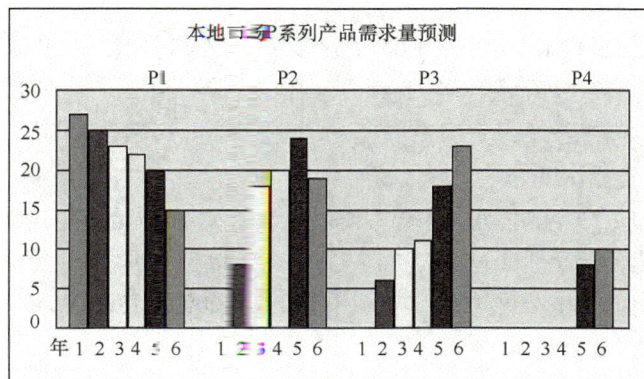

本地市场系列产品需求量预测

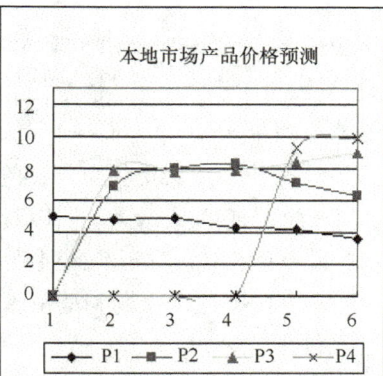

本地市场产品价格预测

本地市场将会持续发展，对低端产品的需求可能要下滑，伴随着需求的减少，低端产品的价格很有可能走低。后几年，随着高端产品的成熟，市场对 P3、P4 产品的需求将会逐渐增大。由于客户质量意识的不断提高，后几年可能对产品的 ISO 9000 和 ISO 14000 认证有更多的需求。

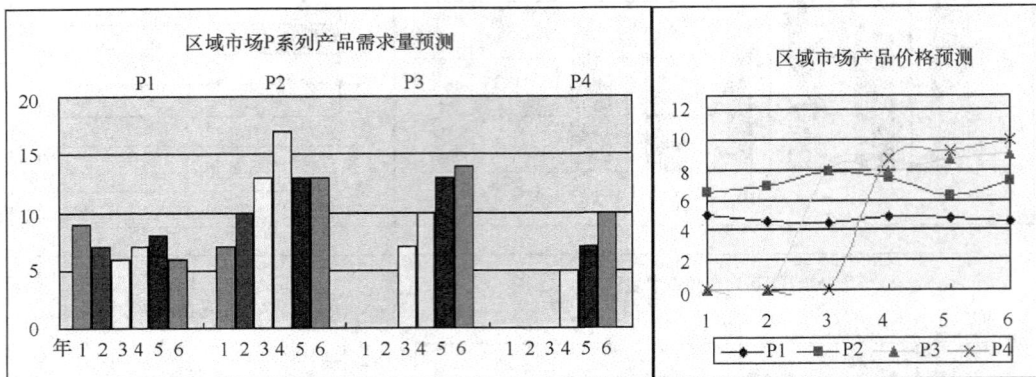

区域市场的客户相对稳定，对 P 系列产品需求的变化很有可能比较平稳。因其紧邻本地市场，所以产品需求量的走势可能与本地市场相似，价格趋势也应大致一样。该市场容量有限，对高端产品的需求也可能相对较小，但客户会对产品的 ISO 9000 和 ISO 14000 认证有较高的要求。

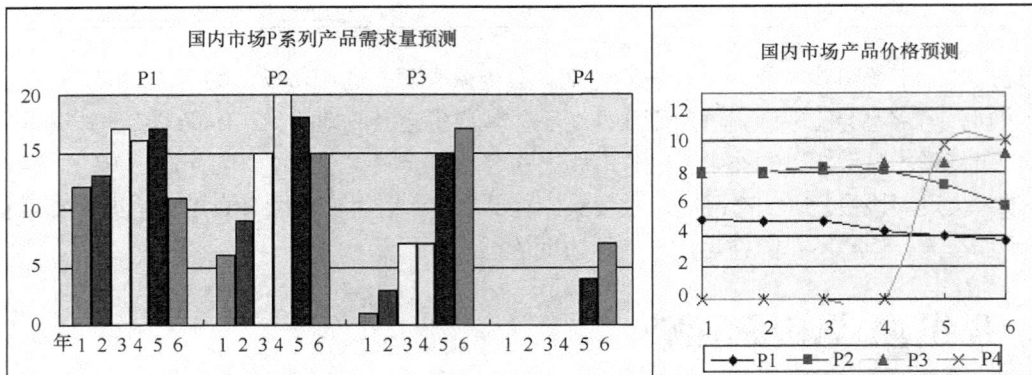

因 P1 产品带有较浓的地域色彩，估计国内市场对 P1 产品不会有持久的需求。但 P2 产品因更适合于国内市场，估计需求一直比较平稳。随着对 P 系列产品的逐渐认同，估计对 P3 产品的需求会发展较快。但对 P4 产品的需求就不一定像 P3 产品那样旺盛了。当然，对高价值的产品来说，客户一定会更注重产品的质量认证。

这个市场一向波动较大，所以对 P1 产品的需求可能起伏较大，估计对 P2 产品的需求走势与 P1 相似。但该市场对新产品很敏感，因此估计对 P3、P4 产品的需求量会发展较快，价格也可能不菲。另外，这个市场的消费者很看中产品的质量，所以没有 ISO 9000 和 ISO 14000 认证的产品可能很难销售。

亚洲市场P系列产品需求量预测

亚洲市场产品价格预测

国际市场P系列产品需求量预测

国际市场产品价格预测

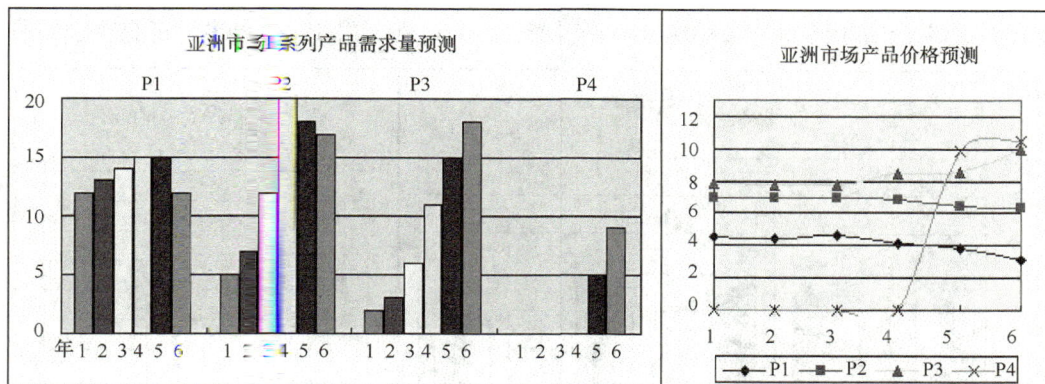

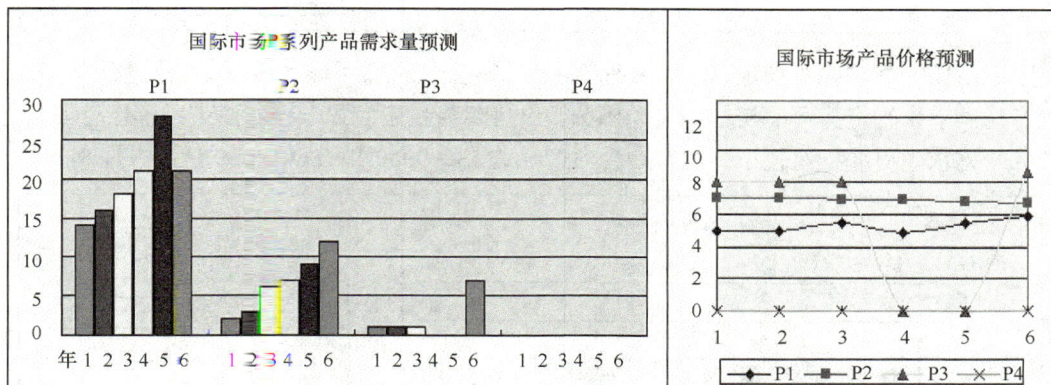

　　P 系列产品进入国际市场可能需要一个较长的时期。有迹象表明，对 P1 产品已经有所认同，但还需要一段时间才能被市场接受。同样，对 P2、P3 和 P4 产品也会很谨慎地接受。需求发展较慢。当然，国际市场的客户也会关注具有 ISO 认证的产品。

# 三、10 组模式市场预测

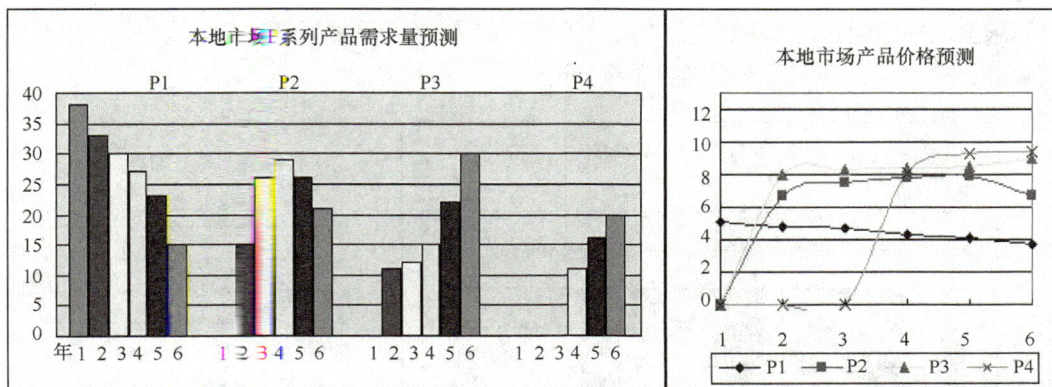

本地市场P系列产品需求量预测

本地市场产品价格预测

　　本地市场将会持续发展，对低端产品的需求可能要下滑，伴随着需求的减少，低端产品的价格很有可能走低。后几年，随着高端产品的成熟，市场对 P3、P4 产品的需求将会逐渐增大。

由于客户质量意识的不断提高，后两年可能对产品的 ISO 9000 和 ISO 14000 认证有更多的需求。

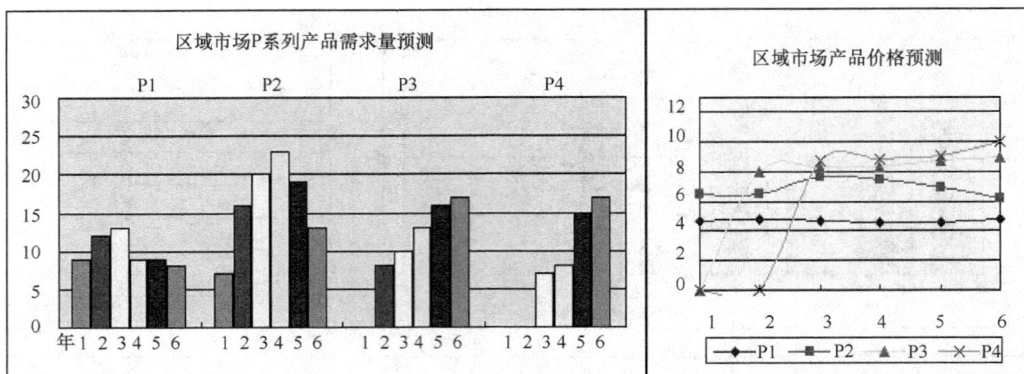

区域市场的客户相对稳定，对 P 系列产品需求的变化很有可能比较平稳。因紧邻本地市场，所以产品需求量的走势可能与本地市场相似，价格趋势也应大致一样。该市场容量有限，对高端产品的需求也可能相对较小，但客户会对产品的 ISO 9000 和 ISO 14000 认证有较高的要求。

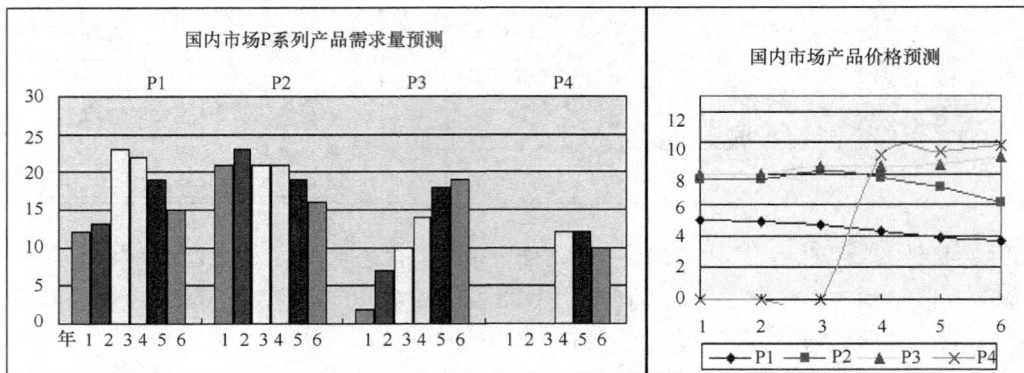

因 P1 产品带有较浓的地域色彩，估计国内市场对 P1 产品不会有持久的需求。但 P2 产品因更适合于国内市场，估计需求一直比较平稳。随着对 P 系列产品的逐渐认同，估计对 P3 产品的需求会发展较快。但对 P4 产品的需求就不一定像 P3 产品那样旺盛了。当然，对高价值的产品来说，客户一定会更注重产品的质量认证。

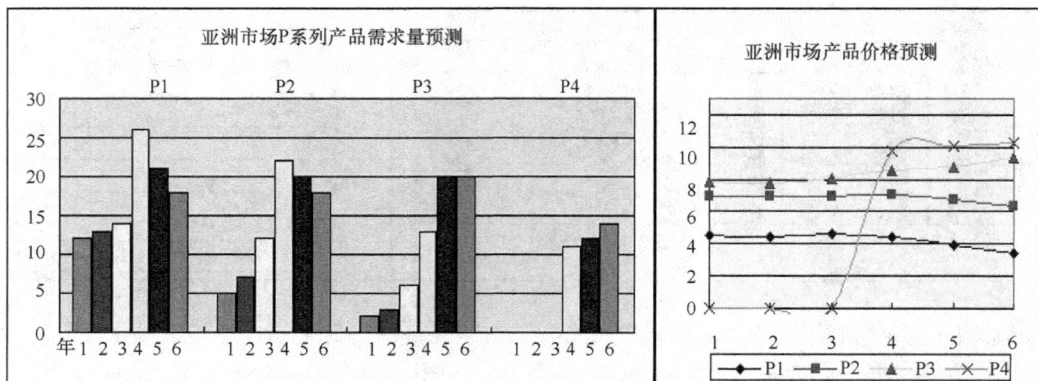

这个市场一向波动较大，所以对 P1 产品的需求可能起伏较大，估计对 P2 产品的需求走势与 P1 相似。但该市场对新产品很敏感，因此估计对 P3、P4 产品的需求量会发展较快，价格也可能不菲。另外，这个市场的消费者很看中产品的质量，所以没有 ISO 9000 和 ISO 14000 认证的产品可能很难销售。

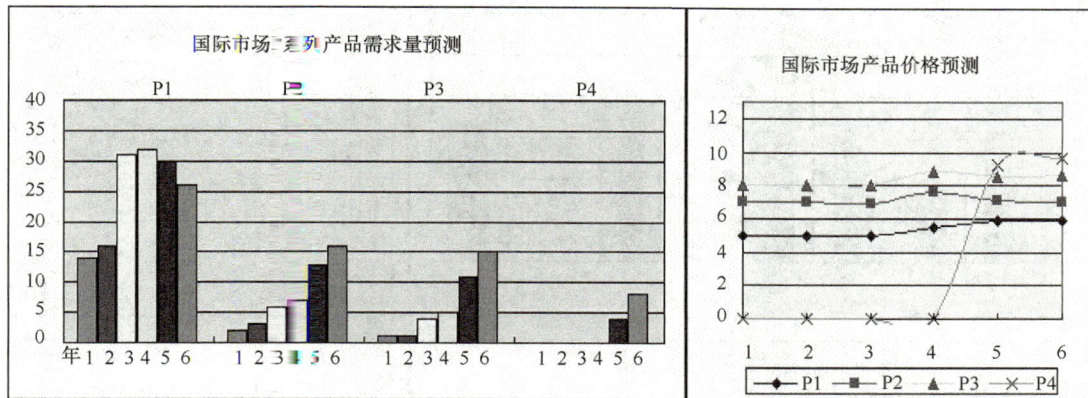

国际市场 P 系列产品需求量预测 / 国际市场产品价格预测

P 系列产品进入国际市场可能需要一个较长的时期。有迹象表明，对 P1 产品已经有所认同，但还需要一段时间才能被市场接受。同样，对 P2、P3 和 P4 产品也会很谨慎地接受。需求发展较慢。当然，国际市场大客户也会关注具有 ISO 认证的产品。

## 四、12 组模式市场预测

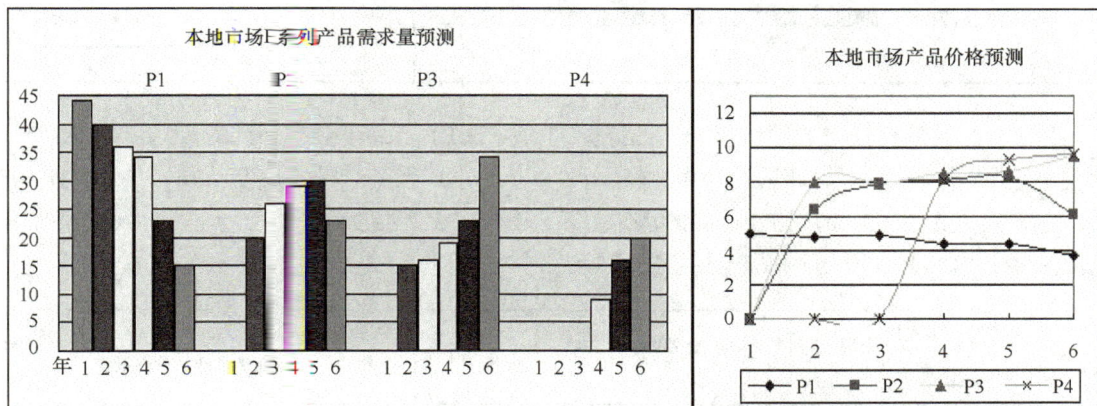

本地市场 P 系列产品需求量预测 / 本地市场产品价格预测

本地市场将会持续发展，对低端产品的需求可能要下滑，伴随着需求的减少，低端产品的价格很有可能走低。后几年，随着高端产品的成熟，市场对 P3、P4 产品的需求将会逐渐增大。由于客户质量意识的不断提高，后几年可能对产品的 ISO 9000 和 ISO 14000 认证有更多的需求。

区域市场的客户相对稳定，对 P 系列产品需求的变化很有可能比较平稳。因其紧邻本地市场，所以产品需求量的走势可能与本地市场相似，价格趋势也应大致一样。该市场容量有限，对高端产品的需求也可能相对较小，但客户会对产品的 ISO 9000 和 ISO 14000 认证有较高的要求。

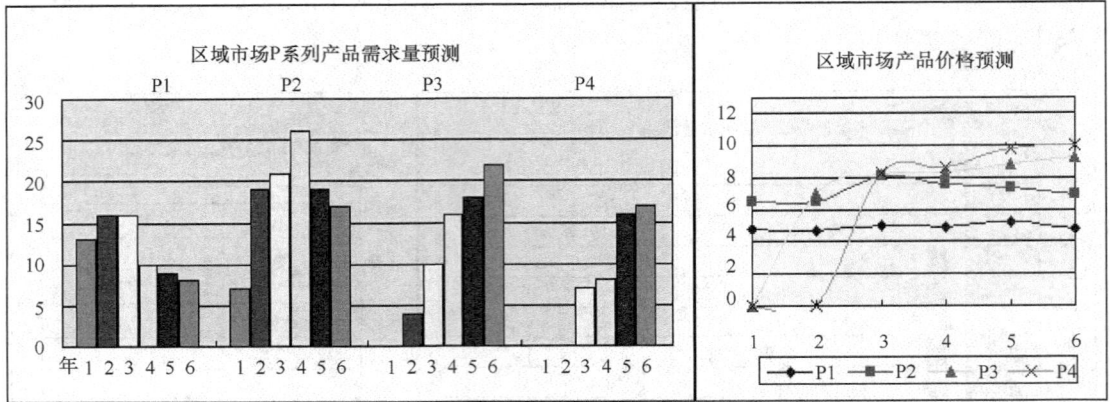

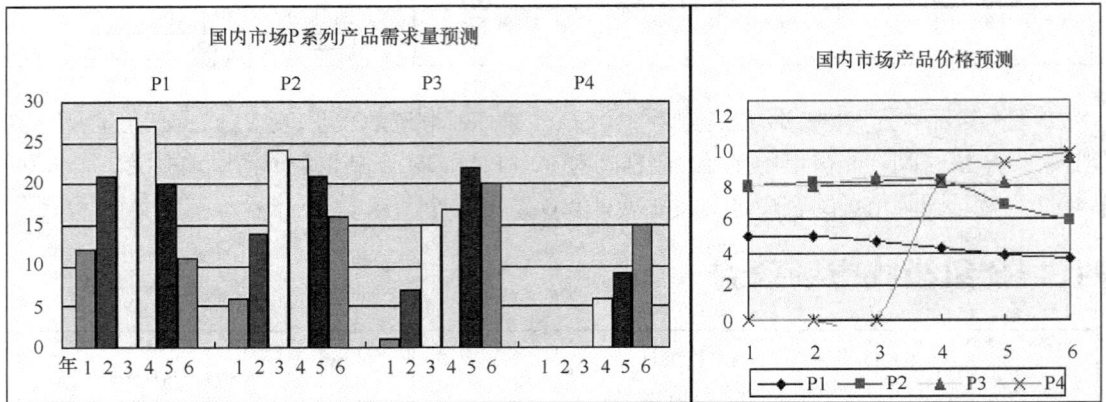

因 P1 产品带有较浓的地域色彩，估计国内市场对 P1 产品不会有持久的需求。但 P2 产品因更适合于国内市场，估计需求一直比较平稳。随着对 P 系列产品的逐渐认同，估计对 P3 产品的需求会发展较快。但对 P4 产品的需求就不一定像 P3 产品那样旺盛了。当然，对高价值的产品来说，客户一定会更注重产品的质量认证。

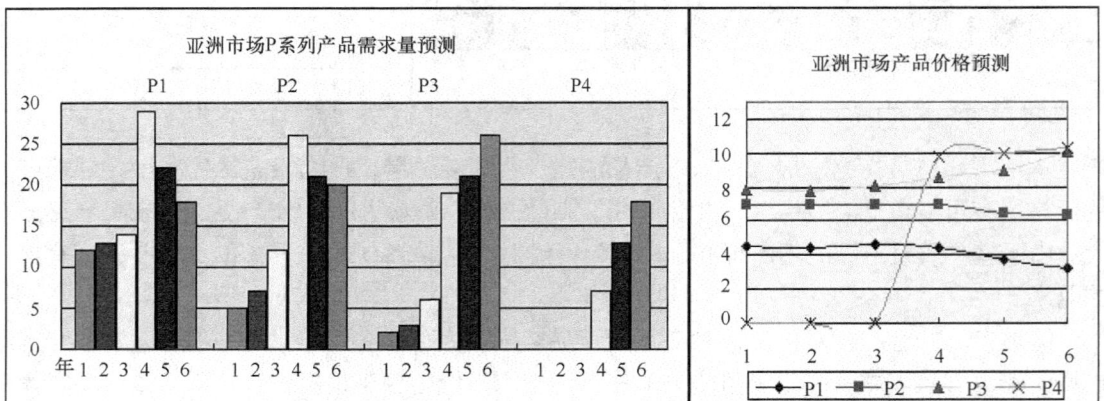

这个市场一向波动较大，所以对 P1 产品的需求可能起伏较大，估计对 P2 产品的需求走势与 P1 相似。但该市场对新产品很敏感，因此估计对 P3、P4 产品的需求量会发展较快，价格也可能不菲。另外，这个市场的消费者很看中产品的质量，所以没有 ISO 9000 和 ISO 14000 认证的产品可能很难销售。

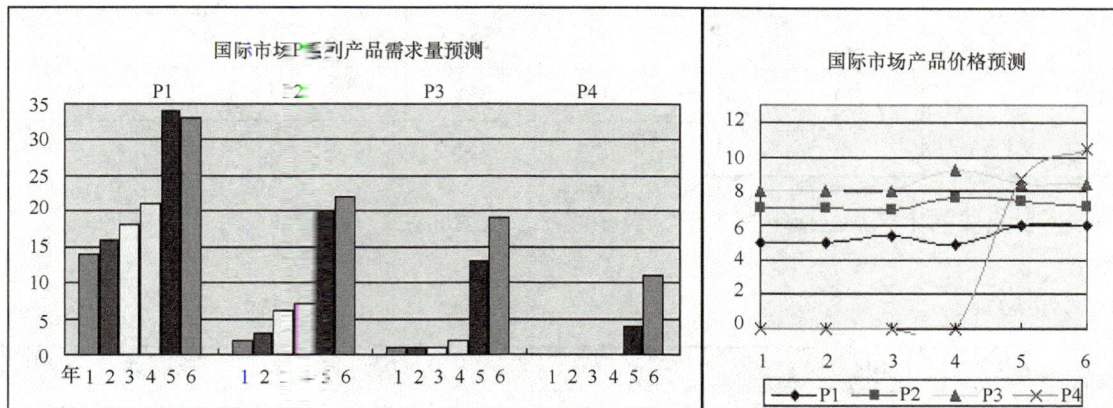

P 系列产品进入国际市场可能需要一个较长的时期。有迹象表明，对 P1 产品已经有所认同，但还需要一段时间才能被市场接受。同样，对 P2、P3 和 P4 产品也会很谨慎地接受。需求发展较慢。当然，国际市场上客户也会关注具有 ISO 认证的产品。

# 附录二　经营规则

## 一、ERP 电子沙盘（标准版）模拟经营规则

### 1. 生产线

| 生产线 | 购置费 | 安装周期 | 生产周期 | 转产费 | 转产周期 | 维修费 | 残值 |
|---|---|---|---|---|---|---|---|
| 手工线 | 5M | 无 | 3Q | 0M | 无 | 1M/年 | 1M |
| 半自动 | 10M | 2Q | 2Q | 1M | 1Q | 1M/年 | 2M |
| 自动线 | 15M | 3Q | 1Q | 2M | 1Q | 1M/年 | 3M |
| 柔性线 | 20M | 4Q | 1Q | 0M | 无 | 1M/年 | 4M |

不论何时出售生产线，价格为其残值，净值与残值之差计入"损失"。
只有空的并且已经建成的生产线方可转产。
当年建成的生产线、转产中生产线都要交维修费。

### 2．折旧（年限平均法）

| 生产线 | 购置费 | 残值 | 建成<br>第1年 | 建成<br>第2年 | 建成<br>第3年 | 建成<br>第4年 | 建成<br>第5年 |
|---|---|---|---|---|---|---|---|
| 手工线 | 5M | 1M | 0 | 1M | 1M | 1M | 1M |
| 半自动 | 10M | 2M | 0 | 2M | 2M | 2M | 2M |
| 自动线 | 15M | 3M | 0 | 3M | 3M | 3M | 3M |
| 柔性线 | 20M | 4M | 0 | 4M | 4M | 4M | 4M |

当年建成的生产线当年不提折旧，当净值等于残值时生产线不再计提折旧，但可以继续使用。

### 3．融资

| 类型 | 时间 | 额度 | 年息 | 还款方式 |
|---|---|---|---|---|
| 长期贷款 | 每年年初 | 所有长贷与短贷之和不能超过上年年末权益的3倍 | 10% | 年初付息，到期还本<br>每次贷款为10的倍数 |
| 短期贷款 | 每季度初 | | 5% | 到期一次还本付息<br>每次贷款为20的倍数 |
| 资金贴现 | 任何时间 | 视应收款额 | 10%（一季、二季）<br>12.5%（三季、四季） | 变现时贴息，可对一二季应收联合贴现（三四季同理） |
| 库存拍卖 | 原材料8折，成品按成本价 | | | |

### 4．厂房

| 厂房 | 买价 | 租金 | 售价 | 容量 | |
|---|---|---|---|---|---|
| 大厂房 | 40M | 5M/年 | 40M | 6条 | 租入的厂房，一年后可作租转买、退租等处理，续租系统自动处理。厂房不计提折旧，厂房出售得到4个账期的应收款，紧急情况下可将厂房贴现，直接得到现金 |
| 小厂房 | 30M | 3M/年 | 30M | 4条 | |

### 5．市场准入

| 市场 | 开发费 | 时间 | |
|---|---|---|---|
| 本地 | 1M/年 | 1年 | 开发费用按开发时间在年末平均支付，不允许加速投资<br>市场开发完成后，获得相应的市场准入证 |
| 区域 | 1M/年 | 1年 | |
| 国内 | 1M/年 | 2年 | |
| 亚洲 | 1M/年 | 3年 | |
| 国际 | 1M/年 | 4年 | |

### 6. 资格认证

| 认证 | ISO 9000 | ISO 14000 | |
|---|---|---|---|
| 时间 | 2 年 | 2 年 | 平均支付，认证完成后可以获得相应的 ISO 资格证，可中断投资 |
| 费用 | 1M/年 | 2M/年 | |

### 7. 产品

| 名称 | 开发费用 | 开发周期 | 加工费 | 直接成本 | 产品组成 |
|---|---|---|---|---|---|
| P₁ | 1M/季 | 2 季 | 1M/个 | 2M/个 | R₁ |
| P₂ | 1M/季 | 4 季 | 1M/个 | 3M/个 | R₂＋R₃ |
| P₃ | 1M/季 | 6 季 | 1M/个 | 4M/个 | R₁＋R₃＋R₄ |
| P₄ | 2M/季 | 6 季 | 1M/个 | 5M/个 | R₂＋R₃＋2R₄ |

### 8. 原料

| 名称 | 购买价格 | 提前期 |
|---|---|---|
| R₁ | 1M/个 | 一季 |
| R₂ | 1M/个 | 一季 |
| R₃ | 1M/个 | 二季 |
| R₄ | 1M/个 | 二季 |

### 9. 紧急采购

付款即到货，原材料价格为直接成本的 2 倍，成品价格为直接成本的 3 倍。

紧急采购原材料和产品时，直接扣除现金。上报报表时，成本仍然按照标准成本记录，紧急采购多付出的成本计入报表"损失"项。

### 10. 选单规则

在系统参数设置为"有市场老大"的情况下，市场老大优先选单；以本市场本产品广告额投放大小顺序依次选单；如果两队本市场本产品广告额相同，则看本市场广告投放总额；如果本市场广告总额也相同，则看上年市场销售排名；如仍无法决定，先投广告者先选单；第一年无订单。

注意：

（1）必须在倒计时大于 10 秒时选单，出现确认框要在 3 秒内按下确认按钮，否则可能造成选单无效。

（2）在某细分市场（如本地、P1）有多次选单机会，只要放弃一次，则视同放弃该细分市场所有选单机会。

### 11．订单违约

所有订单要求在本年度完成（按订单上的产品数量和交货期交货）。如果订单没有完成，则视为违约订单，按下列条款加以处罚。

（1）按违约订单销售总额的 20%（销售额除以 5 后向下取整）计算违约金，并在当年第四季度结束后扣除，违约金计入报表"损失"项。

（2）违约订单一律收回。

### 12．应收款

订单必须在规定季或提前交货，应收账期从交货季开始算起。如有应收款到期，则需手工输入到期应收款数额。如果填入的到期数额大于实际应到数额，则系统不予通过，如果填入的数额小于应收的数额，系统按照实际填写的数额收现（即现金增加），剩余到期未收现的部分，自动计入下一季度应收款。

### 13．费用项目

间谍操作计入报表"信息费"项。应收款贴现操作费用计入报表"财务费用"项。库存折价拍卖、生产线变卖、紧急采购、订单违约、增减资（增资计损失为负）操作计入报表"损失"项。所得税在当年弥补完以前年度的亏损总和后，按照税前利润的 25%计算提取，下一年的年初交纳。

### 14．破产标准

现金断流或权益为负。

### 15．取整规则

违约金扣除——向下取整；库存拍卖所得现金——向下取整；贴现费用——向上取整；扣税——向下取整。

# 二、ERP 电子沙盘（竞拍版）模拟经营规则

### 1．生产线

| 生产线 | 购置费 | 安装周期 | 生产周期 | 转产费 | 转产周期 | 维修费 | 残值 |
|---|---|---|---|---|---|---|---|
| 手工线 | 5M | 无 | 2Q | 0M | 无 | 1M/年 | 1M |
| 自动线 | 15M | 3Q | 1Q | 2M | 1Q | 2M/年 | 3M |
| 柔性线 | 20M | 4Q | 1Q | 0M | 无 | 2M/年 | 4M |

不论何时出售生产线，价格为其残值，净值与残值之差计入"损失"。

只有空的并且已经建成的生产线方可转产。

当年建成的生产线、转产中生产线都要交维修费。

## 2．折旧（年限平均法）

| 生产线 | 购置价 | 残值 | 建成第 1 年 | 建成第 2 年 | 建成第 3 年 | 建成第 4 年 | 建成第 5 年 |
|---|---|---|---|---|---|---|---|
| 手工线 | 5M | 1M | 0 | 1M | 1M | 1M | 1M |
| 自动线 | 15M | 3M | 0 | 3M | 3M | 3M | 3M |
| 柔性线 | 20M | 4M | 0 | 4M | 4M | 4M | 4M |

当年建成的生产线当年不提折旧，当净值等于残值时生产线不再计提折旧，但可以继续使用。

## 3．融资

| 类型 | 时间 | 额度 | 年息 | 还款方式 |
|---|---|---|---|---|
| 长期贷款 | 每年年初 | 所有长贷与短贷之和不能超过上年年末权益的 3 倍 | 10% | 年初付息，到期还本 每次贷款为 10 的倍数 |
| 短期贷款 | 每季度初 | | 5% | 到期一次还本付息 每次贷款为 20 的倍数 |
| 资金贴现 | 任何时间 | 视应收款额 | 10%（一季、二季） 12.5%（三季、四季） | 变现时贴息，可对一二季应收联合贴现（三四季同理） |
| 库存拍卖 | | 原材料 8 折，成品按成本价 | | |

## 4．厂房

| 厂房 | 买价 | 租金 | 售价 | 容量 | |
|---|---|---|---|---|---|
| 大厂房 | 40M | 5M/年 | 40M | 6 条 | 租入的厂房，一年后可作租转买、退租等处理，续租系统自动处理。厂房不计提折旧，厂房出售得到 4 个账期的应收款，紧急情况下可将厂房贴现，直接得到现金 |
| 小厂房 | 30M | 3M/年 | 30M | 4 条 | |

## 5．市场准入

| 市场 | 开发费 | 时间 | |
|---|---|---|---|
| 本地 | 1M/年 | 1 年 | 开发费用按开发时间在年末平均支付，不允许加速投资 市场开发完成后，获得相应的市场准入证 |
| 区域 | 1M/年 | 1 年 | |
| 国内 | 1M/年 | 2 年 | |
| 亚洲 | 1M/年 | 3 年 | |
| 国际 | 1M/年 | 4 年 | |

### 6．资格认证

| 认证 | ⑨ISO 9000 | ⑭ISO 14000 | |
|---|---|---|---|
| 时间 | 2 年 | 2 年 | 平均支付，认证完成后可以获得相应的 ISO 资格证，可中断投资 |
| 费用 | 1M/年 | 2M/年 | |

### 7．产品

| 名称 | 开发费用 | 开发周期 | 加工费 | 直接成本 | 产品组成 |
|---|---|---|---|---|---|
| P₁ | 1M/季 | 2 季 | 1M/个 | 2M/个 | R₁ |
| P₂ | 1M/季 | 3 季 | 1M/个 | 3M/个 | R₂+R₃ |
| P₃ | 1M/季 | 4 季 | 1M/个 | 4M/个 | R₁+R₂+R₄ |
| P₄ | 1M/季 | 5 季 | 1M/个 | 5M/个 | R₂+R₃−2R₄ |

### 8．原料

| 名称 | 购买价格 | 提前期 |
|---|---|---|
| R₁ | 1M/个 | 一季 |
| R₂ | 1M/个 | 一季 |
| R₃ | 1M/个 | 二季 |
| R₄ | 1M/个 | 二季 |

### 9．竞单会

（1）竞单会时间

在第三年和第五年订货会后，召开竞单会。

系统一次放两张订单竞标，并显示所有订单。参与竞标的订单注明了订单编号、市场、产品、数量、ISO 要求等，而总价、交货期、账期三项为空。

（2）投标资质

参与投标的公司需要有相应市场、ISO 认证的资质，但不必有生产资格。

中标的公司需为该单支付 1M 标书费，计入广告费。

如果已竞得单数+本次同时竞单数（即 2）>现金余额，则不能再竞，即必须有一定现金库存作为保证金。如同时竞 2 张订单，库存现金为 3M，已经竞得 2 张订单，扣除了 2M 标书费，还剩余 1M 库存现金，则不能继续参与竞单，因为万一再竞得 2 张，1M 库存现金不足支付标书费。

（3）中标规则

参与投标的公司须根据所投标的订单，在系统规定时间（90秒，以倒计时秒形式显示）填写总价、交货期、账期三项内容，确认后由系统按照：

$$得分=100+（5-交货期）×4+应收账期-总价$$

以得分最高者中标。

如果计算分数相同，则先提交者中标。

（4）注意事项

总价不能低于（可以等于）成本价，也不能高于（可以等于）成本价的3倍。

必须为竞单留足时间。如在倒计时小于等于10秒再提交，可能无效。

竞得订单与选中订单一样，算市场销售额，对计算市场老大同样有效。

其他规则与标准版完全相同，不再赘述。

# 参考文献

[1] 张前，张守凤. 管理类专业引入 ERP 沙盘模拟课程教学探索[J]. 中国成人教育，2009（11）：113-114.

[2] 张前. 论会计学专业 ERP 沙盘模拟的学与教[J]. 新会计，2014（2）：62-64.

[3] 张前. 企业沙盘模拟课程建设研究[J]. 山东纺织经济，2013（6）：97-99.

[4] 张前. 引入沙盘模拟对抗 创新企业培训模式[J]. 中国商贸，2014（1）：98-99.

[5] 张前. ERP 沙盘模拟对抗中的团队建设研究[J]. 人力资源管理，2014（1）：39-40.

[6] 张前，常阳春. 浅析 ERP 沙盘模拟中的所得税问题[J]. 中国乡镇企业会计，2014（1）：171-172.

[7] 张前，刘国栋. ERP 电子沙盘系统的特点及模拟对抗规则拓展[J]. 电子商务，2013（7）：95-96.

[8] 张前. ERP 沙盘模拟对抗中的筹资与投资攻略[J]. 财会月刊，2013（20）：126-128.

[9] 张前. ERP 沙盘模拟对抗中的市场博弈[J]. 实验室研究与探索，2014（8）：258-261.

[10] 张前. ERP 沙盘模拟原理与实训[M]. 北京：清华大学出版社，2013.

[11] 刘春燕，康欣. 专注兴趣 前行无惧[N]. 济南大学报，2013-5-15.

[12] 王新玲，柯明，耿锡润. ERP 沙盘模拟学习指导书[M]. 北京：电子工业出版社，2005.

[13] 何晓岚，楚万文，孔维林. ERP 沙盘模拟实用教程[M]. 北京：北京航空航天大学出版社，2010.

[14] 夏远强，叶剑明. 企业管理 ERP 沙盘模拟教程[M]. 北京：电子工业出版社，2007.

[15] 朱春燕. ERP 教育在中国——360° 谈信息化人才的需求与培养[M]. 北京：清华大学出版社，2006.

# 读者意见反馈

亲爱的读者：

感谢您一直以来对人民邮电出版社的支持，您的信赖是我们进步的不竭动力。在使用本书的过程中，如果您有好的意见和建议，或者遇到了什么问题，我们真诚地希望您能抽出一点宝贵的时间，反馈给我们。打造高品质的教材是我们的不懈追求，您的意见是我们最宝贵的财富。

地址：北京市丰台区成寿寺路 11 号邮电出版大厦 305 室

邮编：100164

---

教材名称：ERP 沙盘模拟实战

ISBN：978-7-115-44584-1

个人资料

姓名： 年龄： 所在院校/专业：

文化程度： 通信地址：

联系电话： 电子信箱：

您使用本书是作为： □指定教材　□选用教材　□辅导教材　□自学教材

您对本书封面设计的满意度：

□很满意 □满意 □一般 □不满意　改进建议

您对本书印刷质量的满意度：

□很满意 □满意 □一般 □不满意　改进建议

您对本书的总体满意度：

从语言角度 □很满意 □满意 □一般 □不满意　改进建议

从知识角度 □很满意 □满意 □一般 □不满意　改进建议

本书最令您满意的是：

□逻辑清晰　□内容充实　□讲解详尽　□实例丰富

您希望本书在哪些方面进行改进？（可附页）

---

## 教学资源支持

敬爱的老师：

为了配合课程的教学需要，助力教学活动的开展，人民邮电出版社致力于立体化教学资源的开发建设，老师可以登录人民邮电出版社人邮教育社区（www.ryjiaoyu.com）查询并免费下载与本教材配套的教学资源，也可以与编辑联系（许金霞，010-81055215，xujinxia@ptpress.com.cn）了解资源情况。